HISTOIRE

DE LA

VILLE DE THÉROUANNE,

Ancienne Capitale de la Morinie,

ET

NOTICES HISTORIQUES

SUR FAUQUEMBERGUES ET RENTI.

« *Térouanne* et Acqs, en Provence, étaient les deux oreillers sur lesquels le roi de France pouvait dormir en paix. »

Paroles de FRANÇOIS I.er

PAR H. PIERS,

BIBLIOTHÉCAIRE DE LA VILLE DE SAINT-OMER,

SECRÉTAIRE-ARCHIVISTE DE LA SOCIÉTÉ DES ANTIQUAIRES DE LA MORINIE.

SAINT-OMER.

IMPRIMERIE DE J.-B. LEMAIRE, LITTE-RUE, N.° 27.

1833.

THÉROUANNE.

FAUQUEMBERGUES.

RENTI.

Prix : 2 Francs.

HISTOIRE

DE

LA VILLE DE THÉROUANNE.

Thérouanne, une des douze cités de la deuxième Gaule belgique et capitale de la Morinie, est peut-être la ville la plus célèbre de la Flandre et de l'Artois, par son antiquité, son importance de longue durée, les grands événemens dont elle fut le théâtre, ses siéges nombreux et ses malheurs : « Il est » peu de villes qui aient souffert autant que Thérouanne. » (1)

Une multitude d'historiens (l'expression n'est point exagérée), se sont occupés de transmettre à la postérité les annales de cette capitale renommée : leurs voix ont tellement retenti dans le monde depuis le commencement de notre ère, qu'il serait même difficile d'en faire l'exacte énumération ; (2) la poésie a eu aussi d'abondantes larmes pour ses infortunes, et l'archéologue a souvent recueilli d'amples moissons parmi ses débris. Sur ses murs détruits, l'éloquence a pu invoquer le génie de Bossuet ou la philosophie de Volney, et la Religion répéter : « Pourquoi les ouvrages des hommes » ne passeraient-ils pas, quand le soleil qui les éclaire doit » lui-même tomber de sa voûte? »

« On se plaît à rechercher l'origine des grandes cités comme » à remonter la source des grands fleuves. » *

---

(1) Voir les Notes.

* Chateaubriand.

Dans l'itinéraire d'Antonin, le nom de Thérouanne dérive de deux mots celtes, *tar* ou *ter* et *bane* qui signifient *ad aream*, à la place d'armes; dans la carte de Peutinger, on lit *Teruenna*; selon Malbrancq, son fondateur s'appelait *Lucius Taruannus* ou *Tarvacinus*, préteur romain.

Les armes de Thérouanne sont d'azur à la gerbe d'avoine d'or, liée de même. Elles sont parlantes, selon l'étymologie que quelques auteurs dérivent du latin *terra avenæ*, à cause que le pays a été de tout temps fort fertile en avoine. On prétend que l'écusson d'argent armorial de Thérouanne, chargé d'une tête de Maure, entourée d'un ruban de gueules à la manière des anciens Césars, a été surmonté d'un chef d'azur parsemé de fleurs de lys d'or, en vertu d'une concession du roi Dagobert.

Les armes du comté de Thérouanne sont d'argent, à la tête de maure de sable, liée de gueules au chef d'azur, semé de fleurs de lys d'or.

Selon quelques auteurs, les Romains, après avoir détruit Thérouanne, lui avaient donné le nom de *Terra vana* (terre vaine), en punition de sa révolte contre César pendant sa première invasion en Angleterre : on invoque pour ces diverses opinions plusieurs inscriptions retrouvées; on sait au reste que les antiquaires sont prodigues d'interprétations. Charles-Quint s'est chargé de donner un sens plus positif à cette étymologie; des dessins, des armes des comtes et de l'official de Thérouanne se trouvent dans les manuscrits de la bibliothèque de Saint-Omer.

Thérouanne était située sur la Lys, à sept mille pas de Saint-Omer, vers le 19.e degré 55 minutes de longitude occidentale, et le 50.e degré 33 minutes de latitude septentrionale. On trouve les plans de cette cité dans *Malbrancq*, le *Voyage littéraire de deux religieux bénédictins*, et les *Délices des Pays-Bas*. (3)

La carte ancienne a désigné les Morins par l'expression latine *marini*, marins; leur nom provient des mots *mor*, mer; *maran*, marais; *morus*, mûrier; ou bien de *Morinæus* ou *Maurus*, jeune prince africain, dont le château devint le berceau de l'ancienne capitale de cette contrée. Cet étranger parvint à s'y maintenir, et se rendit recommandable en défendant vaillamment son état naissant contre les attaques de ses ennemis. Après sa mort, Ubran, roi des Bretons, s'empara, dit-on, de ce château, qui resta assujetti à cette domination jusqu'en l'an 643 de Rome; ensuite il appartint aux Cimbres, à Divitiac et à Galba, rois de Soissons; à Arioviste, roi des Germains, et se soumit enfin aux armes victorieuses de César, auquel il manquait encore ce coin de terre dans les Gaules, car les Morins étaient alors généralement considérés comme les habitans les plus reculés de l'Univers. *

D'aprés Dewez, l'origine des Morins n'est pas connue, mais leur situation est clairement démontrée; ils occupaient tout le pays dont fut formé, dans la suite, le diocèse de Thérouanne, qui retint constamment la dénomination de *Ecclesia Morinensis*, divisé ensuite en trois évêchés.

C'est aussi parce que les Morins conservèrent leur nom, une sorte de supériorité et leurs anciennes limites, qu'après l'établissement du christianisme, leur évêque, résidant à Thérouanne, étendit sa juridiction spirituelle sur toute la Morinie.

Sans se perdre, au reste, dans des investigations superflues, il est constaté, depuis long-temps, que la Morinie était située entre la mer, l'Escaut et la Somme.

Un décret du sénat avait prescrit aux débris du peuple morin d'élever, en certains lieux désignés, des habitations où on pût les contenir facilement. Thérouanne fut alors construite sur le bord d'un marais: quelques médailles, ou bronzes antiques, retrouvés dans ce siècle, ne sauraient lui assigner une origine plus reculée. (4)

Les origines de la ville de Thérouanne, attribuées à Morinœus et à Taruannus peuvent parfaitement se concilier; le premier, dans un temps immémorial, a construit le château, l'autre a fondé la cité sous le règne d'Auguste. Quoi qu'il en soit, Thérouanne jouissait d'une renommée notable dans les premières années de l'établissement des Romains.

---

* *Extremique hominum Morini.* Enéide de Virgile, livre VIII, vers 727.

César finit par dompter tous ceux qui, dans le *Belgium*, lui opposaient quelque résistance, et réunit le pays des Morins à celui des Atrebates, avec exemption de tout tribut, proclamant *Comius* chef de ce nouveau royaume. Comius, fidèle d'abord à son bienfaiteur, partisan ensuite de Vercingentorix, eut des aventures romanesques qui sont consignées dans les annales de l'Artois. Ennemi mortel des Romains, il était devenu le type de la liberté expirante dans les Gaules. Plus tard, ses sujets demeurèrent asservis à la puissance des successeurs d'Auguste, jusqu'au règne de Clodion. (5)

Au reste, tout ce qui concerne ce peuple avant l'arrivée des Romains, est resté, comme l'observe avec sagesse l'auteur des *Souvenirs du Pas-de-Calais* *, dans l'obscurité ou dans le domaine équivoque des conjectures.

Antérieurement au préteur Tarvacinus, Thérouanne n'avait été qu'un bourg; selon Malbrancq, « cet officier eut soin » de l'agrandir, de le fermer de murs, de fortifications. Il » le mit encore à l'abri des insultes de l'ennemi, en le cou- » vrant d'un rempart et le flanquant de deux tours à ses » extrêmités. Aucune ville n'était, dans ce temps-là, mieux » fortifiée. » Ce prince des historiens de la Morinie ** ajoute que ces travaux s'exécutèrent l'an 725 de Rome, que la circonférence de Thérouanne était alors d'environ 4966 toises, ou de 6 à 7000 pas, le pas romain évalué à quatre pieds sept pouces de France.

Des révoltes se succédèrent, comme nous l'avons dit, dans les premiers temps de la domination romaine, et furent apaisées successivement; d'où vint que cette contrée fut souvent livrée à la dévastation. De grandes routes, mentionnées avec distinction dans la géographie ancienne, y ont immortalisé le nom de ses oppresseurs. (6)

La Morinie s'étant soulevée sous l'exécrable Néron, Anpolin, son digne lieutenant, détruisit Thérouanne, l'an 63 de l'ère chrétienne.

---

* *Hédouin.*

** Variétés historiques sur Saint-Omer.

Voyageur couronné, Adrien visita, comme on sait, les lieux célèbres de son empire, et s'arrêta quelque temps à Thérouanne. C'est du port *Itius* qu'il fit voile vers l'Angleterre.

Le farouche *Commode* ayant accablé la Morinie d'impôts, les anciens Artésiens, unis aux Germains, défirent et tuèrent Varneston, gouverneur de Thérouanne, qu'ils conservèrent jusqu'en l'an 196. Un auteur pense cependant que *Commode* lui-même avait fait rentrer sous son obéissance les rebelles *Verricus* et *Soricus*; mais il est certain que les habitans de Thérouanne ouvrirent leurs portes à l'empereur Septime Sévère qui ne leur imposa que la moitié des taxes ordonnées dans l'empire. Ils rendirent de grands honneurs à ses cendres, et les accompagnèrent jusqu'à Rome.

Fuscien et Victoric, membres de l'académie évangélique de Rome, avaient à la fin du troisième siècle arboré la croix sur les murs de Thérouanne ; la liberté y avait remplacé l'esclavage, et alors cette cité, qui s'était agrandie, peuplée et enrichie, servait de boulevard à tout le pays.

Mais les Sicambres et les Francs étaient apparus ; Probus, gouverneur de Thérouanne et depuis maître du monde, avait, aidé des habitans du pays, obtenu une couronne d'or en les repoussant ; le nom de nos pères commençait à retentir dans le chant belliqueux des légions de l'empire : qu'auraient pu seuls, contre ces redoutables guérriers, les Romains du siècle de Probus? « Vive le Christ qui aime les Franks !.... » lit-on dans le prologue de la loi salique ; « cette nation brave et forte » secoua de sa tête le dur joug des Romains ! »

Le christianisme, malgré des persécutions inouies, s'était assis triomphant sur le trône des Césars, et déjà il commençait à répandre son influence salutaire dans toutes les parties du monde connu. En vain le pirate *Carausius* s'était emparé de Thérouanne et de son territoire, *Constance* avait réprimé cette invasion momentanée, et rendu à la Morinie une tranquillité qui s'était perpétuée sous *Constantin*. En vain *Maxence* avait attiré dans son parti les habitans de Thérouanne, le grand homme qu'une céleste devise devait diriger, les avait soumis de rechef à sa puissance et placé leur cité dans la dépendance de la métropole de Reims, chef-lieu ecclésiastique de la seconde Gaule belgique. *Constant*, son fils, avait daté ensuite de Thérouanne plusieurs lois de son règne.

Sous le gouvernement de *Julien*, le canton de Thérouanne eut à s'applaudir de la fertilité de ses campagnes et de l'abondance de son commerce.

Valentinien y autorisa l'élection d'officiers municipaux, ou *défenseurs du peuple* ; ce prince venait de nettoyer les rivages saxoniques des barbares qui les infestaient, lorsqu'il repoussa un corps de Francs qui avait pénétré au-delà de Thérouanne : c'est en 373 qu'eut lieu, entre cette ville et la mer, le massacre des Saxons, rapporté par divers historiens de ce pays.

En 377, Thérouanne, fidèle à *Gratien*, fut emportée d'assaut par *Maxime*, son compétiteur.

La ligue des Saxons ruina cette cité au commencement du cinquième siècle, et ses habitans furent conduits en esclavage. Le soldat *Constantin* s'en rendit maître à son tour, et y fit respecter son autorité, après en avoir expulsé les Vandales. Toutefois cette place considérable reprit bientôt son ancien lustre.

Le terme fatal n'était pas éloigné où les Romains devaient être enfin punis d'avoir teint leur sceptre du sang des nations étrangères. La Morinie subit alors la loi des chefs des tribus franques. Thérouanne tomba au pouvoir de Clodion qui résista courageusement aux efforts du vaillant Aétius, et jeta ainsi dans l'Artois les fondemens de la monarchie française.

Un barbare, qui se proclamait lui-même *le Marteau de l'Univers*, se rua avec fureur sur la Morinie, en 451. Thérouanne fut saccagée dans l'invasion d'Attila.

Dans la grande déroute que ce *Fléau de Dieu* avait éprouvée aux plaines de Châlons, les Flamands et les Artésiens avaient fait des prodiges de valeur, mais *Flandbert*, leur chef, avait succombé au sein de la victoire, et avait trouvé la mort en combattant non loin de Mérovée.

Childeric donna ensuite plusieurs principautés à divers membres de sa famille, et nomma roi des Morins *Chararic*, fils du brave Flandbert.

D'abord Chararic avait fixé sa résidence à Thérouanne. Il y montra la plus vive opposition à l'établissement du christianisme ; mais il fut cruellement puni de sa résistance trop prolongée.

On prétend que Chararic et ses Morins avaient puissamment aidé Childéric à faire la conquête de Paris, et d'après un manuscrit (bibliothèque de Saint-Omer, n.° 810), il paraîtrait que ce monarque galant s'était réfugié momentanément à Thérouanne. (7)

Cependant le Labarum était apparu de nouveau dans les airs, et le Dieu de Clotilde avait touché le cœur de son sauvage époux. Le vainqueur de Tolbiac consolida sa domination dans les Gaules, et donna pour bornes à son royaume le Rhin, le Rhône, les Pyrénées et l'Océan. (8) Des cruautés inouies déshonorèrent la fin de sa carrière.

L'illustre auteur des *Etudes historiques* allègue que « Khlovigh tua ou fit tuer tous ses parens, petits rois de Cologne, *de Saint-Omer*, de Cambrai et du Mans. » Dans les anciennes chroniques, on confond quelquefois la cité de Saint-Omer avec celle de Thérouanne. Nos Pausanias de 1793 ont donné le nom de *Morin-la-Montagne* à la ville de Saint-Omer.

Chararic s'était trouvé à la bataille de Soissons, mais la conduite équivoque qu'il y avait tenue, l'avait fait soupçonner de perfidie. Clovis dissimula, et son long ressentiment avait attendu l'occasion favorable pour en tirer vengeance. Il l'expulsa d'abord d'Amiens, et pénétra ensuite tout-à-coup avec des forces supérieures jusques au sein de Thérouanne, où il l'arrêta avec son fils *Sigebert*. Alors il lui reprocha sa vieille trahison, et consentit néanmoins à lui laisser la vie, pourvu qu'il se laissât tondre, ainsi que son fils, et qu'ils reçussent tous deux les ordres sacrés. C'était leur ordonner formellement de renoncer au trône. Bientôt les captifs furent rasés et enfermés dans un monastère.

Chararic, qui, selon *Grégoire de Tours*, était un chef franc établi à Thérouanne, se voyant dépouillé de ses cheveux et dans un état complet d'humiliation, déplora sa destinée et versa un torrent de larmes. Sa douleur désespéra le jeune Sigebert qui, s'approchant vivement de son père, chercha à le consoler en lui tenant cet imprudent langage : « Ces feuilles

» qui sont cepées en vert arbre, seront tôt recrues, aussitôt » fait mors et periz cils qui ce noue a fait. »

Ces paroles parvinrent aux oreilles de Clovis, qui crut qu'ils le menaçaient de laisser croître leur chevelure et de le tuer ; il ordonna alors qu'on leur tranchât la tête à tous deux. Après leur mort, il s'empara de leur royaume, de leurs trésors, et de leurs sujets.

Thérouanne cependant avait réparé les ravages du sac d'Attila. Ses gouverneurs devinrent tributaires de la couronne, avec la qualité de ducs ou de comtes, et son territoire fit partie du royaume de Soissons.

Jetons maintenant un coup d'œil rapide sur l'état de la religion dans ce premier siége épiscopal de notre pays.

Les anciens Morins qui vivaient dans une contrée tellement aquatique qu'elle était presqu'inhabitable, sont dépeints généralement comme des sauvages qui ne suivaient d'autre culte que l'idolâtrie. (9) Cependant, les premiers de la Gaule, ils reçoivent la lumière évangélique, et l'hérésie jadis si multipliée ne trouve aucun accès auprès d'eux. Simon-le-Cananéen y arbore le premier l'étendard de la foi. Joseph d'Arimathie aborde ensuite avec ses compagnons au port Itius. St. Pierre fuyant la persécution, s'embarque aussi à ce port célèbre pour se retirer en Angleterre. St. Paul, St. Luc, St. Philippe, proclament également dans ce pays la précieuse doctrine du salut ; St. Martial, St. Sixte y entreprennent une mission salutaire ; ils sont suivis de St. Eucaire, de St. Valère et de St. Materne, envoyés par le prince des apôtres. Bientôt St. Luce, un des rois de la Grande-Bretagne, converti par les soins de Fugacien et de Donatien qui avaient, pour l'entretenir pieusement, traversé le port Itius, visite les nouveaux chrétiens de la Morinie dont il devient le soutien et la consolation. Mais ce que la vertu de la croix édifiait, les cruels édits des empereurs romains le détruisaient. Si de courts intervalles de tolérance sont employés à renverser les idoles et à bâtir des églises, les persécutions redoublent aussitôt de fureur, et une foule de fidèles y trouvent une glorieuse destinée. Le culte des fausses divinités reprend quelque ascendant, mais St. Denis, l'apôtre de la France, brille alors ; la foi endormie, se réveille ; des ouvriers évangéliques sapent avec ardeur les derniers fondemens du paganisme ; Fuscien et Victoric prêchent la parole de Dieu à Thérouanne, et la Morinie émerveillée écoute attentivement leurs sages exhortations. Quentin, leur fidèle ami, Crépin et Crépinien, Piat, Rufin et Régulus, Chryseuil, Eugène et Firmin, secondent puissamment leur divine vocation.

Si une guerre continuelle n'avait point dévasté l'ancien Artois, les fruits de ces touchantes prédications auraient été infiniment plus abondans. Tout-à-coup l'ère des martyrs commence, et la religion semble elle-même renaître de ce sang généreux. On immole les apôtres de la Morinie à la rage du polythéisme expirant, et la croix restée debout ne tarde pas néanmoins à soumettre à son joug les fiers dominateurs de l'Univers.

Cependant dix persécutions, et surtout la dernière excitée par l'affreux Galérius, ont abattu le courage des chrétiens de la Morinie. Les églises démolies, les livres saints brûlés, les habitans vendus comme de vils esclaves ou suppliciés d'une manière infâme, voilà l'horrible tableau qui fait chanceler de nouveau leur foi à peine raffermie ! Après le martyre des SS. Fuscien, Victoric et Firmin, la plupart des habitans de Boulogne et de Thérouanne retombent dans l'idolâtrie. Mais Constantin rend l'espérance aux fidèles ; les proscrits sont rappelés, les temples des idoles sont fermés ou cédés aux catholiques, et d'autres apôtres viennent leur procurer d'autres consolations. La piété de Ste. Hélène éclate ensuite dans l'Artois ; St. Martin reçoit le baptême à Thérouanne et y prélude à ses immenses travaux ; tout-à-coup Julien l'apostat exerce un nouveau genre de persécution contre le christianisme, et fait rétablir à Thérouanne le temple de *Mars ;* mais sa domination n'est qu'un torrent passager, et la vérité reprend son empire.

Quelque temps après, St. Victrice, né au port Itius, imite le grand St. Martin ; il ranime la vertu des Morins en séjournant avec eux quelques années ; il érige plusieurs temples au vrai Dieu, même dans les sites les plus inaccessibles, ayant soin de consacrer une église à la mémoire de St. Martin pour lequel il avait une ardente dévotion, et se retire ensuite dans une solitude à Wisernes, après avoir reçu les félicitations de St. Paulin, qui lui disait : « Dans ces lieux où des forêts » désertes servaient auparavant de retraite aux barbares et » aux brigands, on voit maintenant des chœurs évangéliques » qui font retentir les villes, les bois et les îles des louanges » du Seigneur. »

St. Diogène suit dignement ce favorable exemple, et de même que St. Nicaise, évêque de Reims, préserve les Artésiens des erreurs des hérétiques. Ces nobles serviteurs du Christ reçoivent également la palme du martyre.

Maxime marche sur leurs traces : parvenu à Thérouanne au commencement du cinquième siècle, une inspiration soudaine l'engage à y borner ses courses apostoliques, et il manifeste sa résolution dans l'église de Saint-Martin. Il instruit ce peuple, encore ignorant, et fait élever une chapelle au port Itius. Selon ses désirs, le clergé de Thérouanne préside à ses funérailles. De grands miracles opérés, dit-on, avant et après sa mort, ont long-temps rendu ce pieux ami de Thérouanne célèbre dans toute la Morinie. Quelques siècles après, les soldats de Charles-Quint aperçurent ses restes précieux sortir de leur retraite mystérieuse pour leur reprocher inutilement leur inique vandalisme, et son chef, que voulurent en vain emporter les chanoines fugitifs, repose encore aujourd'hui dans la cathédrale de Saint-Omer dont il est un des principaux ornemens.

Cependant, les beaux jours de l'église de la Morinie ne tardèrent pas à être éclipsés encore une fois par les irruptions réitérées d'une foule de nations étrangères. Les temples du vrai Dieu étaient de nouveau détruits lors de l'arrivée des Francs ; ceux-ci y introduisirent leurs superstitions et les cérémonies de leurs divinités sauvages, mais sans intolérance. Flandbert, neveu de Clodion, protège alors la religion chrétienne. St. Patrice, St. Germain et St. Loup excitent les Morins à persévérer dans la foi. Néanmoins l'idolâtrie conserve toujours parmi eux de nombreux sectaires. Une lutte s'engage entre les deux cultes, et celui de la liberté et de l'humanité est sur le point de remporter une utile victoire. Le converti de Tolbiac cherche à faire fleurir, dans son royaume, la nouvelle religion, et St. Rémi qui l'a baptisé n'oublie pas les Morins qui reprenaient insensiblement leurs anciennes erreurs.

Rémi va trouver près de Reims un vénérable ermite extrêmement considéré par ses vertus ; il lui dit que la nation des Morins éprouve le plus grand besoin de secours spirituels, et le détermine à aller travailler à la conversion totale de ce peuple obstiné ; Antimond se prépare, pendant trois ans, à remplir cette délicate mission, et part enfin pour Thérouanne. La populace soulevée par les prêtres des idoles le reçoit avec fureur ; il n'entend que des imprécations et des injures ; mais le prélat montre tant de patience qu'il finit par apaiser les plus prévenus ; son air tranquille et majestueux adoucit même le farouche Chararic, qui finit par l'autoriser à répandre la parole céleste. Bientôt ce premier évêque de Thérouanne, nommé par St. Rémi, et confirmé par le pape Gélase, change le sentiment d'une si grande multitude, et réussit à lui persuader de renverser le temple de Mars, érigé au milieu de cette ville, et de construire sur ses ruines un nouveau temple à St. Martin qui était toujours dans la plus grande vénération dans les Gaules. St. Chilien et St. Vulgan vinrent l'aider dans ses pieuses entreprises. Antimond, par son zèle infatigable, était parvenu à toucher le cœur du roi des Morins, lorsque ce prince infortuné devint, comme on l'a vu, une des royales victimes de la cruauté de Clovis. Antimond décéda en 519, et fut inhumé dans l'*Ulteriense monasterium*, situé dans un faubourg de Thérouanne, et qui avait été jadis bâti par les soins de *Victoric*, édifice appelé aussi *Sithin* (dénomination qui a été confondue, plus tard, avec celle de *Sithieu*), parce qu'il était compris dans la terre de ce lieu.

Athalbert succéda à Antimond et jouit d'un crédit signalé auprès de Clotaire, qui possédait l'Artois. Ce monarque le félicita avec bienveillance sur son élection, et vint le visiter à Thérouanne pour lui confier l'éducation de la jeune Radegonde qui répondit parfaitement aux enseignemens distingués d'Athalbert, et lui prouva sa reconnaissance en fondant près du siége épiscopal un monastère qui fut, dit-on, détruit par les Normands, et sur les débris duquel fut fondé celui de Saint-Augustin.

Le pape *Jean* complimenta aussi cet évêque sur ses succès dans la conversion des infidèles, *logés à l'extrémité de l'Univers*, et sur son zèle heureux à extirper la pernicieuse hérésie d'Arius, qui s'était glissée dans son diocèse.

A cette époque, le comte de Boulogne posséda Amiens, Saint-Pol et Tournehem, mais le roi de France jouit seul du comté de Thérouanne. (10)

Une nouvelle irruption de Huns et de Vandales replongea la province dans la plus affreuse désolation. Clotaire en proie aux sanglantes querelles de sa famille, ne put secourir Thérouanne, et le siége épiscopal de cette ville demeura longtemps vacant.

L'Artois reconnut ensuite Chilpéric pour son souverain. Ce roi barbare, comparé à Néron, accabla ses sujets de vexations. Sa perte semblait assurée dans Tournay, mais le sourire criminel de Frédégonde a séduit deux habitans de Thérouanne : « Elle est éloquente, et sa bouche leur indiquant la victime, « souffle en eux quelque chose d'elle-même. » * Sigebert tombe bientôt sous leurs poignards.

Les charmes de Brunehaut ont embrasé le cœur du jeune Mérovée, fils de Chilpéric. Il l'épouse malgré son père, mais il ne peut se soustraire à sa vengeance. Le prince s'échappe et se réfugie au tombeau de St. Martin, l'asile le plus respecté de la France, témoin des dernières prières de Clotilde pour la prospérité de la race de Clovis. L'imprudent quitte trop tôt cette retraite inviolable ; il erre en proscrit d'asile en asile, de province en province. Une députation de notables de Thérouanne le rencontre dans les environs de Reims, et se montrant extrêmement sensible aux infortunes du successeur présomptif de la couronne, lui offre un séjour assuré dans les murs de la capitale de la Morinie, prête à se soumettre à ses lois. Le crédule Mérovée, joyeux de cette ressource imprévue, accepte avec empressement cette perfide invitation ; il assemble

* Marchangy.

autour de sa personne le petit nombre d'amis qui n'avaient point encore abandonné son triste destin, et s'achemine vers Thérouanne dans l'espérance de pouvoir y rétablir ses affaires. Déplorable illusion! l'infâme Frédégonde ne le perdait pas de vue. Tandis que parvenu dans un village, qui n'était guère éloigné de l'habitation des traîtres, le malheureux Mérovée se repose dans une ferme au milieu de la campagne, des assassins sortis de Thérouanne même, environnent tout-à-coup la métairie où il se trouve bloqué sans défense, l'enlèvent et l'immolent dans un bois voisin, appelé depuis lors *Bois de la Trahison*. Chilpéric accourt, et voit son fils percé d'un coup d'épée; dans sa rage insensée, écoutant toujours aveuglément la fatale furie qui ne devait pas tarder à le faire périr lui-même, il ordonne le supplice de tous ceux qui avaient été fidèles à l'héritier de son trône. *

L'ambitieux Chilpéric épuisa tellement la Morinie par ses demandes multipliées d'hommes et de subsides, que, ravagée en même-temps par la peste et par la famine, elle se dépeupla considérablement, et ses campagnes restèrent désertes et incultes. La religion y dépérissait, et St. Honoré, qui avait retrouvé les corps des SS. Fuscien et Victoric, faisait conjointement avec St. Saulve d'infatigables efforts pour y combattre l'idolâtrie renaissante. Ce fut au port Itius que s'embarqua la mission évangélique du saint moine Augustin. C'est de la Morinie que partit St. Colomban, pour aller fonder le célèbre monastère de Luxeuil.

Clotaire II régna ensuite sur cette province. On sait quelle vengeance implacable il exerça sur la vieillesse de Brunehaut. Les anciens chemins des Romains prirent le nom de *chaussées Brunehaut*, à cause des réparations que cette princesse fit

---

* *Mérovée, fils de France*, nouvelle historique, a été imprimée à Paris, en 1678. L'acteur Monvel traita aussi ce sujet dramatique, sous le titre de *Frédégonde et Brunehaut*; et dans la Bibliothéque des Romans (février 1777), on lit également que « le malheureux Mérovée fut assassiné auprès de Thérouanne. » Ce fait tragique est en outre confirmé dans le mémoire de M. Gailliard, à l'Académie des Inscriptions et Belles-Lettres. Voir en outre les historiens de France, principalement Daniel.

faire à ces routes. « La plus étendue de ces anciennes chaus-
» sées, dit Deslyons, commençait à Milan et se terminait à
» Boulogne-sur-mer : elle traçait une ligne diamétrale d'un
» bout à l'autre de la Gaule. Elle traversait l'Artois dans
» sa plus grande longueur et aboutissait à Arras, d'où elle
» conduisait, par Thérouanne, à Cassel et à Boulogne. La
» grande voie qui conduisait de Reims à Thérouanne a subsisté
» long-temps presqu'entièrement, et on y a trouvé dans des
» endroits marécageux un grand nombre de médailles d'em-
» pereurs romains. » Une de ces routes traversa plus tard *Sithieu*, passant par la forêt de Thiembronne et par Lumbres.

Clotaire II créa alors Lyderic premier grand forestier de Flandre, se réservant pour lui et ses successeurs la souveraineté de cette province, et retenant, pour quelque raison inconnue à l'histoire, le comté de Thérouanne qui n'avait pas encore cependant de comte particulier.

Sous le règne de Dagobert, cette contrée reprend un aspect favorable par l'extinction définitive de l'idolâtrie, et par la promotion éclatante d'Omer à l'épiscopat. Depuis la mort d'Athalbert, le christianisme s'était insensiblement affaibli dans le comté de Thérouanne, et les ténèbres du paganisme menaçaient de l'envelopper d'une manière non moins profonde. A la vérité, Clotaire II avait fait commencer dans la capitale de cette contrée la célèbre église de Notre-Dame, qui depuis y a servi de cathédrale; mais ces immenses travaux avaient été interrompus, malgré les vives instances de St. Eloi, ami du monarque français, qui dut visiter aussi le bourg de Sithieu, puisqu'avant la révolution, on montrait encore dans la cathédrale de Saint-Omer, le magnifique calice de ce saint, d'or massif et de plus d'un pied de hauteur.

Le *Dictionnaire universel de la France* allègue que la construction de la cathédrale de Thérouanne remonte à l'an 260, et que Clotaire II ne fit que la rebâtir. Il ajoute qu'elle était parfaitement belle. Un plan de ce magnifique monument a été conservé dans les *Délices des Pays-Bas*. Il mérite de figurer dans l'album d'un artiste artésien. (11)

La France était paisible sous la domination de Dagobert, et ce prince songeait enfin au délaissement nuisible de ce canton isolé, où croupissaient encore une fois l'ignorance et les fausses divinités, lorsque la Providence, attentive à son salut, fit paraître un de ces hommes qu'elle envoie quelquefois sur la terre, en signe manifeste de protection et d'amour.

Omer, issu de race royale, selon l'attestation qu'en donna par la suite Charlemagne, quitte la *Vallée d'Or*, et partage la solitude du successeur de *Colomban.* Son état de perfection retentit bientôt dans tout le royaume, et le roi de France le nomme à l'évêché de Thérouanne, aux acclamations de tous ses sujets.

« Rien de plus intéressant pour les habitans de Saint-Omer, a dit avec raison le rédacteur de l'*Office de St. Omer*, *précédé de sa vie*, que la vie de leur premier apôtre. » Aussi quant aux détails précieux qui concernent le généreux dévouement, les importans travaux et les succès de ce célèbre prélat, indiquons-nous avec confiance le pieux ouvrage de notre estimable compatriote. (12)

Omer se dirige seul vers le pays des récalcitrans et superstitieux Morins et arrive à Thérouanne. Les habitans s'imaginent à tort qu'il se présente en despote et se livrent aux plus funestes préventions. Mais l'esprit évangélique dissipe promptement ces nuages du paganisme, et à l'exemple d'Antimond, il plante l'étendard de la croix sur le temple de Mars à jamais renversé. Sur ces ruines sanglantes s'élève bientôt une église à St. Martin, glorifié déjà dans deux autres paroisses de Thérouanne. En même-temps, il fait achever et agrandir l'édifice commencé par Clotaire II et l'érige en cathédrale; par reconnaissance, il place la statue de Dagobert dans son sanctuaire, où elle resta jusqu'aux désastres des Normands.

Le nouvel évêque parcourt ensuite son diocèse qui déjà ne le cédait à aucun des plus florissans de la France. Il s'arrête à Helfaut, encore plein des souvenirs de Fuscien, et y rétablit avec célérité la petite chapelle dédiée jadis à la mère du Sauveur des hommes. Quel spectacle touchant que celui de St. Omer prosterné dans la chapelle de Saint-Fuscien, encore battue par les flots de l'Océan, et invoquant quatre siècles environ après son martyre, les grâces du Très-Haut pour le troupeau chéri de son digne devancier !

Les temples du vrai Dieu ne tardent pas à être relevés dans tout le Boulonnais et purifiés par le culte de paix et de vérité. Le pirate Adroald se convertit à sa voix puissante, et renverse l'idole de Minerve encore adorée dans l'île de Sithieu, dernier refuge du paganisme vaincu dans ce territoire.

L'épiscopat d'Omer dura plus d'un demi-siècle. Sa fête était célébrée autrefois à Thérouanne avec une solennité remarquable.

Du tems d'Omer, Thérouanne était une ville considérable. Malbrancq, qui la compare à Gand, estime qu'à cette époque il y avait une distance de 2,000 pas depuis la porte du chemin de Cassel jusqu'à celle du chemin d'Amiens, et que l'on y mesurait une autre distance de 2,087 pas depuis la porte de la route de Boulogne, jusqu'à celle des routes d'Arras et de Saint-Pol, c'est-à-dire, qu'elle contenait une étendue cinq fois plus vaste que la cité détruite en 1553. Mais le père Malbrancq accueillait facilement les rapports fabuleux.

Thierri III établit à Thérouanne le monastère de Saint-Jean sur une hauteur qui conserva toujours le nom de *Saint-Jean-au-Mont.*

La prélature de St. Erkembode a été renommée à Thérouanne sous le règne de Chilpéric II. C'était le siècle des pieux pélérinages et des aventures merveilleuses.

Lugle et Luglien séjournèrent à Thérouanne vers le milieu du huitième siècle : ils allaient se livrer aux douceurs du sommeil, lorsque le feu prit à côté de l'hôtellerie où ils étaient logés. L'incendie faisait d'immenses progrès ; alors ces étrangers, se rendant sur le théâtre du désastre, firent le signe de la croix sur le feu qui se dissipa immédiatement comme si on l'avait étouffé à force d'eau. Ces généreux voyageurs furent massacrés ensuite par des brigands à peu de distance des murs de cette ville, malgré l'intrépide assistance d'Erkembode qui les accompagnait.

Ethaire fut le dixième évêque de Thérouanne. Ce savant ecclésiastique, zélé pour le salut de son troupeau, fut consulté par Boniface, légat du pape, sur les erreurs de *Sampson*, écossais, qui prétendait que l'invocation de la Sainte-Trinité n'était pas nécessaire dans la cérémonie du baptême.

Raduelde, son successeur, assista, par les ordres de Charlemagne, au concile de Rome convoqué contre le faux pape Constantin. Le diocèse de Thérouanne contenait alors 808 paroisses, la plupart instituées par St. Omer.

L'évêque Atalphe adopta ensuite le chant grégorien, et il passe pour être le premier qui ait placé des orgues dans sa cathédrale.

« Quiconque a lu *Grégoire de Tours*, *Frédégaire*, les *Annales de Saint-Bertin*, sait, dit M. Guizot, que du sixième » au dixième siècle, la véritable histoire de la société est » dans celle des églises. Là seulement on apprend à connaître » l'état du peuple, ses sentimens, ses idées, les influences » qui le dominaient, les habitudes de la vie commune, tout » ce qu'on chercherait vainement dans les chroniques consa» crées au récit des guerres et de la vie des rois. »

La Flandre et l'Artois, sous les premiers Carlovingiens, étaient administrés par les grands forestiers. On commence alors à parler de quelques comtes de Thérouanne, dont les soldats réunis à ceux des comtes de Boulogne, contribuèrent à purger les côtes de l'Océan, infestées de pirates. Mais la terrible ère des Normands allait s'ouvrir, et les plus affreuses calamités devaient peser de rechef sur la malheureuse Morinie. *

Au début du règne de Louis-le-Débonnaire, le siége épiscopal de Thérouanne était vacant. Le clergé, la noblesse et le peuple de cette ville vinrent supplier ce prince de leur accorder Folquin, son parent, pour évêque. Toute la cour applaudit à ce choix, et le pape l'approuva tellement qu'il loua le monarque français d'avoir donné à l'église des Morins le plus noble, le plus savant et le plus saint prélat de tous ses états. Folquin opéra des réformes salutaires dans son diocèse, et ses mesures de prévoyance furent d'une extrême utilité lors des invasions des Normands.

En 820, à la suite d'une désastreuse inondation, quelques détachemens de ces incendiaires pénètrent dans le canton de Thérouanne : la valeur des habitans les en expulse...

* Variétés historiques sur Saint-Omer.

La plupart des historiens s'accordent à raconter que l'ancienne capitale de la Morinie fut renversée de fond en comble par les Normands, vers le neuvième siècle. « En 850, ceux-ci dévastent Thérouanne et d'autres pays maritimes. En 861, d'autres Danois viennent au pays de Thérouanne et le ravagent. », * C'est alors que disparurent deux tours, ouvrages des Romains.

Le grand forestier *Odacer* restaura complétement la ville de Thérouanne, que Charlemagne avait cédée, dit-on, à Lydéric II, son ayeul, et que Charles-le-Chauve ajouta, selon quelques auteurs, aux donations qu'il fit au premier comte de Flandre, fils d'Odacer. Le comte de Thérouanne était à cette époque l'un des douze pairs de Baudouin-bras-de-fer. Il y avait deux comtés dans la province, celui d'Arras et celui de Thérouanne. ** Les historiens ont ensuite confondu souvent ce dernier avec le comté de Saint-Pol.

Lors de la nouvelle irruption des Normands, en 881, Thérouanne devint encore la proie de ces cruels étrangers, qui y renouvelèrent leurs scènes de carnage et de dévastation. La basilique de la Vierge, si recommandable par sa structure et ses richesses, les trois églises dédiées à St. Martin, les deux monastères, dont l'un était au levant et l'autre au couchant de Thérouanne, furent totalement anéantis. « La destruction de cette grande ville *** fut si complète, que lorsqu'on voulut la rebâtir après la retraite des Normands, on diminua considérablement son enceinte. » « Elle est devenue plus petite, mais elle en a été mieux fortifiée : on l'a environnée de murailles, d'un fossé large et profond, afin d'opposer une plus solide barrière aux brigandages. » ****

En 881, l'enceinte de Thérouanne était plus vaste que celle de Boulogne, mais sans fortifications et sans tours. Les Normands la brûlèrent entièrement, parce que les habitans,

* Annales de Saint-Bertin, manuscrit.

** Dom Devienne.

*** Ibid.

**** Hennebert.

déjà pillés par ces barbares, avaient emporté à leur nouvelle approche tout ce qu'ils possédaient de précieux.

Les Normands repassèrent, dit-on, en 884, dans ce lieu dévasté et y achevèrent de démolir ce qu'ils avaient épargné trois ans auparavant.

Régnier, comte de Boulogne, exerça un pouvoir odieux à Thérouanne, en 896.

Charles-le-Simple se montra excessivement libéral envers Baudouin II, comte de Flandre : au nombre de ses donations se trouvent les comtés de Boulogne et de Thérouanne. Le fameux *Rollon*, chef des Normands, avait méprisé ces marécageux présens.

Après les ravages exercés par les barbares du Nord, la Morinie resta long-temps dépeuplée. La ville de Thérouanne entièrement bouleversée, ne put être rebâtie, et demeura plusieurs années dans ce fâcheux état.

En 909, l'évêque *Etienne* n'avait pu y résider, parce qu'elle était encore en ruines. C'est en cette triste situation que les Normands la revirent, lorsqu'entraînés par une perfide illusion ils firent, en 918, une dernière excursion dans les environs de Fauquembergues. Arnould-le-Grand prit possession de Thérouanne, vers l'an 936. Thérouanne faisait-elle alors partie des domaines du comte de Flandre? Les annalistes de ce comté le décident affirmativement, mais Malbrancq répète au contraire que cette ville ne fut jamais aliénée de la couronne de France.

Un fait très-remarquable dans ses destinées, c'est que depuis la conquête de Clodion, elle n'a jamais cessé d'appartenir à la monarchie; quoiqu'enclavée dans les terres des comtes de Flandre et d'Artois, elle ne dépendait d'eux en aucune manière, jouissant des droits de commune sous l'autorité immédiate des rois de France, et faisant avec sa banlieue une espèce de petite province à part, connue sous le nom de *la régale de Thérouanne.* * Aussi ses habitans répétaient-ils avec fierté qu'ils étaient Français.

---

7. * Dubos.

A cette époque, Wicfride, évêque de Thérouanne, reçut, le premier, Louis d'Outremer avec toute sa cour, au débarquement de ce prince à Boulogne.

Les députés de Thérouanne étaient présens lorsque le comte Arnould remit son autorité à son fils Baudouin III, à Boulogne.

Au milieu du dixième siècle, lors des démêlés d'Arnould, comte de Flandre, avec le comte de Montreuil, *Adelstan*, roi des Anglais, envoya au secours de ce dernier une armée qui n'avait d'autre but que de piller la Flandre maritime et le pays de Thérouanne.

Au commencement de son règne, Lothaire voyant son autorité méconnue par de puissans vassaux qui guerroyaient à l'envi, entreprit de profiter de la minorité d'Arnould II, comte de Flandre, descendit tout-à-coup dans ses états, et s'empara momentanément de plusieurs villes, entr'autres d'Arras et de Thérouanne.

Ce fut sous Baudouin IV, comte de Flandre, que Thérouanne fut rebâtie; ce seigneur accorda à cet effet toute l'assistance possible à l'évêque de cette malheureuse capitale des Morins. C'était déjà le 6.e prélat depuis sa destruction, et le siége épiscopal en avait été transféré à Boulogne. Lorsque la nouvelle ville fut en état de recevoir convenablement son chef spirituel, le clergé s'occupa immédiatement de réédifier la cathédrale et les trois églises de Saint-Martin. Baudouin, 25.e évêque de Thérouanne, ne termina point sa carrière sans avoir vu relever toutes les murailles de cette antique cité; selon Thévet, elle aurait été restaurée en 998, par Robert, fils de Hugues-Capet.

Baudouin IV disgracia complètement Drogon, évêque de Thérouanne, au point qu'il fut obligé de quitter son diocèse.

Lors du concile où fut agitée, vers la fin du onzième siècle, la célèbre question du célibat des prêtres, l'église de Thérouanne défendit avec énergie le maintien de l'ancienne discipline.

Plusieurs évêques de Thérouanne furent ensuite déposés pour crime de simonie. Le 28.e, nommé *Lambert*, installé à main armée par Robert Ier, comte de Flandre, excommunié par Grégoire VII, fut chassé, en 1084, de sa cathédrale par ses diocésains qui eurent la cruauté de le mutiler horriblement en lui coupant la langue et les doigts.

A la voix éloquente de Pierre l'Hermite, Eustache de Thérouanne courut se ranger sous la respectable bannière de Godefroy de Bouillon. * Quatre autres chevaliers du même diocèse l'accompagnaient.

En 1122, Eustache, advoué de Thérouanne, qui s'était déclaré pour Guillaume d'Ypres, dans l'intention de vexer le clergé, fit construire un fort dans le cimetière de Notre-Dame que Charles-le-Bon, comte de Flandre, après avoir dissipé une ligue formée légèrement contre son autorité, fit démolir peu de temps après. En 1142, Arnould, fils d'Eustache, en fit faire un autre plus important dans la rue de Tournehem; que Thierry d'Alsace, autre comte de Flandre, fit aussi raser; avec défense de n'en faire bâtir d'autre qu'à une lieue de la ville.

Cet Eustache se trouvait à Saint-Omer avec Louis VI, lors de la signature de la fameuse charte du comte *Guillaume*, en avril 1127.

La résolution d'abattre la forteresse élevée par Arnould, fils de l'advoué de Thérouanne, avait été prise dans une assemblée extraordinaire tenue en cette ville sous la présidence du comte de Flandre lui-même, qui, par cette démarche, voulut témoigner hautement de la protection signalée qu'il accordait aux habitans de cette célèbre capitale. Le fameux St. Bernard était présent à cette réunion.

On trouvait quelquefois, alors, un abri sous l'égide du pouvoir supérieur contre le despotisme naissant de diverses autorités subalternes.

« La Lys partageait en deux la ville de Thérouanne. Le château occupait le milieu entre les portes de Boulogne et d'Amiens. Cette rivière arrosait la partie inférieure de la cité qui avait aux angles deux viviers poissonneux. » On distinguait alors dans les paroisses, celles de Saint-Martin et de Saint-Augustin, de Saint-Jean, des Dominicains et des Sœurs-

* Variétés historiques sur Saint-Omer, page 34.

guisés. « Le monastère de Saint-Jean était assis sur la montagne, au couchant du cloître des chanoines. » Hennebert allègue qu'on répara à cette époque la cathédrale qui aurait été brûlée en 1138. Ce qui est plus certain, c'est qu'Olger, 10.e prévôt de la collégiale de Saint-Omer, se rendit à Thérouanne, en 1133, avec les reliques de St. Omer, pour la consécration solennelle de l'église principale de cette ville, que l'évêque Milon avait fait agrandir.

Dans le douzième siècle, l'évêque de Thérouanne s'était empressé d'annoncer à l'archevêque de Reims, alors chef du clergé de France, le rapt sacrilège de *Marie de Boulogne*, commis par *Mathieu d'Alsace*. L'auteur des *Souvenirs du Pas-de-Calais* a, dans une nouvelle charmante, retracé les aventures de ces amans infortunés.

L'abbaye de Saint-Bertin avait obtenu l'exemption complète de toute soumission ou dépendance envers l'évêché de Thérouanne; l'évêque de cette ville prétendant que les religieux de cette abbaye ne lui rendaient pas ce qui était dû à sa place, les excommunia; mais le pape parvint à terminer leurs différends.

L'un des assassins de Charles-le-Bon, *Isaac*, se réfugia pendant la nuit à Thérouanne, où il revêtit l'habit monastique; mais Arnould, fils d'un avocat de cette ville, se précipita dans le cloître où il s'était retiré, et, le trouvant la tête cachée sous un capuchon, dans une attitude méditative, s'empara de ce traître et le jeta dans les fers jusqu'à ce que le comte d'Ypres vînt pour le juger.

Vers le milieu de ce douzième siècle, l'église de Thérouanne rentra dans la plus grande partie des biens et des privilèges qu'elle avait perdus depuis l'invasion des Normands. Quelques années après, le clergé de ce siége épiscopal eut assez d'influence, auprès d'Alexandre III, pour faire rejeter la demande d'un nouvel évêché, formée par la ville de Boulogne, demande qui fut regardée comme une nouveauté.

Une affreuse famine désolait alors la Morinie. St. Bernard y réveillait avec succès le zèle des fidèles et l'enthousiasme des croisades; on s'y rappelait encore avec orgueil la conduite héroïque d'Eustache de Thérouanne, en Palestine.

Parmi les chevaliers bannerets qui combattirent dans les plaines de Bouvines, on reconnut l'*Advoué de Thérouanne* et *Baudouin d'Aire*. Les évêques de Cambrai, Tournai et Thérouanne furent chargés d'annoncer la perte de la bataille à la comtesse de Flandre. *

Une charte du 14 septembre 1247 contient une disposition intéressante pour l'histoire locale, c'est la confirmation faite par l'évêque de Thérouanne du concordat passé entre les membres de l'église de Saint-Omer et les échevins de cette ville; portant que ces prêtres ne pourront plus fulminer l'excommunication contre ces magistrats, sans une autorisation spéciale du pape ou du métropolitain, ou de l'évêque diocésain.

Lors de la rupture de Philippe-le-Bel avec la Flandre révoltée, les évêques chargés de prononcer l'interdit sur cette province, s'étaient installés à Thérouanne. Les cérémonies religieuses cessèrent partout, et les temples furent fermés.

Après la défaite de Courtrai, les Flamands tentèrent de s'emparer de Saint-Omer; obligés de se retirer avec une perte considérable, ils allèrent ravager les environs d'Aire, de Lillers et de Thérouanne. Peu de mois après, à l'appel de Gautier de Chatillon, gouverneur de Saint-Omer, la garnison de Thérouanne, composée d'Atrébates, de Flamands royalistes et de Lombards ou Italiens, et commandés par *Brunel* et *de Chatelus*, se rendit au camp de Saint-Omer pour s'opposer à une invasion de Flamands. Ceux-ci s'étant encore désistés de leur entreprise, se présentèrent devant Thérouanne qui n'était défendue que par 1500 fantassins et 200 chevaux. « Les fortifications consistaient alors, non en maçonnerie, mais en de profonds fossés et en digues de terre. ** » On l'attaqua vigoureusement douze heures consécutives. La garnison, craignant la disette de munitions et l'inhumanité des ennemis, prévint sa perte par son évasion vers la porte d'Aire. Parvenue au-delà de la Lys, elle coupa les ponts. Les Flamands, trompés dans leur espoir, livrèrent,

* Gramaye.

** Hennebert.

pleine de fureur, toute la ville aux flammes, sans aucun respect pour l'église cathédrale. On était revenu au siècle des Normands.

La plupart des auteurs artésiens sont d'accord avec la *Légende des Flamands* sur ce funeste événement, qu'ils rapportent à l'année 1303. « Les Flamands ayant, en 1303, attaqué le château de Saint-Omer, cette place se trouva si forte qu'ils ne purent l'emporter; ils se dirigèrent alors vers *Morin, ville du roi de France*, qu'ils assiégèrent au mois de juillet, et finirent par livrer à un affreux incendie. » *

Philippe-le-Bel fut désolé de cette catastrophe; par lettres-patentes du 28 juillet 1305, il défendit d'envoyer en Flandre des lettres missives et d'en recevoir; ce prince y signale les ravages des Flamands dont il appelle la conduite une horrible cruauté, une rage détestable qui prend les voies d'un entier bouleversement et d'une destruction totale du royaume et des églises; « comme il paraît par les excès et profanations commises à Thérouanne, Arras et Tournai. » **

Pierre de Boulogne et Raoul de Thérouanne, templiers, furent arrêtés, en 1308, dans une maison de l'ordre, à Wissant, et sans doute brûlés avec les autres chevaliers de cette milice illustre, victime de la plus odieuse avidité. *** (14)

En 1316, Robert d'Artois s'était refugié à Thérouanne; c'est de là qu'il avait invité le magistrat de Saint-Omer à reconnaître son autorité.

Un ordre royal du 20 janvier 1340, enjoignit à Pierre de la Palue de visiter les fortifications de Thérouanne.

A l'époque de la bataille de Crécy, les Flamands tenaient le parti du roi d'Angleterre et désolaient continuellement l'Artois. Il paraît qu'alors de nouveau « ils prirent Thérouanne et la pillèrent. » Henry fixe ce désastre à l'année même de la grande déroute des Français, en 1346: les habitans de Calais, lors de leur mémorable résistance, firent de fréquentes

* Nangis.

** Panckoucke.

*** Manuscrit.

sorties, dans l'une desquelles Arnould d'Audrehem pénétra avec son détachement jusqu'à Thérouanne, et s'enferma dans cette place qu'il défendit courageusement. « Siége et incendie de Thérouanne, note-t-il dans ses éphémérides ; d'Audrehem y est fait prisonnier après avoir été blessé. »

Lorsque Philippe de Valois, qui, contre son assentiment, avait été arraché du carnage de Crécy, s'était fait ouvrir les portes du château de la Broie, en déclarant noblement que *c'était la fortune de la France*, on remarquait *Jean de Vienne* dans le petit nombre des fidèles serviteurs du malheureux monarque. « Jean de Vienne était passé du siége épiscopal de Thérouanne à celui de Reims, et se trouvait à Crécy à la tête de ses vassaux. » *

Hennebert corrobore l'opinion de Henry, mais il allègue que ce furent les Anglais, sous les ordres du comte de Northampton, qui dévastèrent alors la cité des vieux Morins. « Les Anglais n'entrèrent dans cette ville que pour l'incendier, après l'avoir pillée ; ils y profanèrent les choses les plus sacrées de l'église cathédrale. Un prodige épouvanta ces bandits. La couronne de la Sainte Vierge atteinte d'une flèche, renvoya un éclat qui blessa la main sacrilège qui l'avait lancée. Les malfaiteurs sont superstitieux : ils comblèrent alors de présens l'autel outragé et s'enfuirent. Les ravages des Anglais plongèrent ce canton dans une grande consternation. Il y a certitude historique que ce sac doit être attribué à nos voisins d'outre-mer. Ils désolèrent encore ce canton en 1353.

A l'expiration de la trêve d'octobre 1355, Edouard III descendit à Calais avec une armée qu'il dirigea vers le Boulonnais, et traversant Thérouanne et Saint-Pol, alla camper à Hesdin. Les Flamands soutenaient toujours l'ambitieux héros d'Albion, parce qu'ils espéraient surtout réunir à leur province la précieuse place de Thérouanne, qu'ils convoitaient vainement depuis tant d'années.

Lorsque Jean apprit que le roi d'Angleterre s'en retournait vers Calais, il se hâta pour le combattre, et s'en vint cou-

---

* Hennebert.

cher le premier jour, après avoir quitté Amiens, à Saint-Pol et le lendemain à Thérouanne. *

Les évêques de Thérouanne savaient consoler l'adverse fortune de leurs souverains. Le loyal dévouement de *Jean de Vienne* fut dignement imité par *Gilles d'Aiscelin*, chancelier de France. Le roi *Jean*, pendant sa captivité, avait réclamé les soins de ce prélat, et Innocent VI avait récompensé du chapeau de cardinal les adoucissemens qu'il avait procurés à son maître captif. « Il avait tenu les sceaux de France auprès de lui pour les expéditions qu'il eut à faire pendant sa détention. » Il reçut le surnom de cardinal *Morin*.

Le royaume était infesté de brigands. Jean, par ordonnance du 5 décembre 1363 prescrivit des mesures répressives. Le contingent du diocèse de Thérouanne fut fixé à cet effet à 220 combattans ; ils devaient roder jour et nuit et dissiper les mécréants.

Lors de l'invasion du duc de Lancastre en 1369, ce prince poussa ses courses et ses ravages jusqu'aux murs d'Aire et de Thérouanne. Le duc de Bourgogne s'était chargé de le repousser. Le comte de Saint-Pol s'était retranché à Thérouanne. On s'y battit dans ce temps-là, selon toute apparence, puisqu'il résulte d'une lettre de l'évêque de cette ville, du 8 septembre 1370, qu'il accordait la permission au magistrat de Saint-Omer de faire enterrer dans le cimetière les Audomarois qui avaient été tués dans la bataille livrée aux Anglais, la veille de la Nativité de la Vierge, *quoiqu'ils n'eussent point fait de testament*. Selon *Bernard*, les Anglais, en se retirant de Thérouanne, s'étaient éparpillés dans nos environs. Les auteurs varient sur le nom du chef de cette entreprise.

Robert Canolle n'osa attaquer Thérouanne. Le comte de Buckingham passa outre sans rien faire. On ne pouvait alors assurer si les Flamands étaient plus acharnés que ces insulaires contre l'ancienne cité des Morins.

Philippe-le-bel avait comblé de biens l'église de Thérouanne

* Froissart.

surtout dans le Calaisis, elle en fut dépouillée sous la longue domination anglaise.

Charles VI, rentrant en France après la destruction de Bergues-Saint-Winoc, en 1383, laissa Clisson à Thérouanne avec des troupes suffisantes pour garder la frontière. L'impatient Boucicaut voulut tenir garnison avec le connétable.

Robert de Génève, chanoine de Paris, devint, l'an 1365, évêque de Thérouanne, trois ans après évêque de Cambrai, puis cardinal, et l'an 1378, le 21 septembre, il fut élu pape à Fondi. Agé alors seulement de 32 ans (d'autres disent 36), il joignait, à une haute noblesse, de l'activité, de l'éloquence et une grande aptitude aux affaires et au travail; il prit le nom de Clément VII, et mourut d'apoplexie le 16 septembre 1394, après un pontificat d'environ 16 ans. On n'ignore pas que c'est l'époque du schisme d'Occident, qui dura 51 ans. Toute la communauté de Saint-Bertin adhérait au parti de l'ancien évêque de Thérouanne.

Lors des préliminaires de paix entre Charles VI et Richard II, il avait été question de Thérouanne pour le séjour du roi de France.

Les seigneurs de ce pays sollicitèrent la nomination de *Jean Tabary* au siège vacant de Thérouanne. Ses belles qualités le rendaient recommandable, et lorsqu'il fut élevé à cette dignité, il exerçait la profession de médecin auprès de Charles VI. Son successeur, *Mathieu Renaud*, natif de Bapaume, était le confesseur de cet infortuné roi; il faisait partie au Louvre de l'assemblée où il fut déclaré que la reine gouvernerait le royaume. Nous lisons dans *Bernard* ce paragraphe curieux sur l'état des mœurs au moment du décès de ce monarque: « Quoique le temps fût très-malheureux, les femmes n'avaient pas moins d'ambition qu'aujourd'hui; les annales de Flandre disent qu'elles portaient sur leur tête des huppes en forme de tours, et qu'un religieux carme, nommé *frère Thomas*, prêchant contre ces vanités en pleine campagne, avait quelquefois plus de 20,000 personnes à sa suite... On dit pourtant qu'après avoir prêché dans Thérouanne, les femmes s'emportèrent contre lui avec tant de fureur, qu'il fut obligé de se sauver du côté de la mer où il s'embarqua... »

Lors du siège de Mark près Calais, entrepris par le comte de Saint-Pol, au commencement du quinzième siècle, les Anglais repoussèrent avec succès les assaillans, et Walleran de Luxembourg se retira blessé à Thérouanne. En 1406, le duc de Bourgogne nomma *Balot*, capitaine du château de Thérouanne.

Des lettres de Charles VI du 27 septembre 1409 déterminent des statuts et règlemens pour les ville et cité de Thérouanne; elles ne furent publiées qu'en août 1444.

Louis de Luxembourg, évêque de Thérouanne, signala effrontément son attachement à la domination anglaise. Il s'était transporté sur le champ de bataille d'Azincourt, (15) et ayant béni un endroit de la plaine, il y avait fait enterrer ceux qui avaient été tués. Le meurtre de *Jean-sans-peur* lui fit ensuite épouser trop passionnément le ressentiment de la maison de Bourgogne. Il était un des évêques qui assistèrent au service solennel de ce prince, le 13 octobre 1420, dans l'abbaye de Saint-Vaast.

Lors du traité de Troyes, Philippe-le-Bon eut grande peine à y décider Jean de Luxembourg et Louis, son frère : « Vous le voulez, lui dirent-ils, nous prêterons ce serment, mais aussi nous le tiendrons jusqu'à la mort. »

Conformément à ses instructions, il parvint à obtenir la soumission des trois états de Saint-Omer à cette paix si humiliante.

Henri V, après son mariage avec Catherine de France, ramena sa femme en Angleterre, accompagné de Bedfort et de 6,000 combattans; il passa par Amiens, Saint-Pol, Thérouanne, et delà se rendit à Calais. * Ce prince, à Azincourt, après avoir jeté ses regards autour de lui, acquit la triste conviction qu'il ne pouvait sortir de ce mauvais pas sans combattre, car, en se jetant sur sa droite, il serait tombé dans Thérouanne, ville alors très-considérable et fournie d'une bonne garnison.... **

* Monstrelet.

** Mazas.

L'évêque de Thérouanne devint si affectionné au parti de Henri VI, qu'il conduisit lui-même des secours aux commandans de ses troupes. On le remarqua parmi les députés venus pour saluer ce roi-enfant, qui vit à peine la capitale des conquêtes de son père, et qui trouva une mort si cruelle dans celle de ses états héréditaires.

« Louis de Luxembourg accompagnait Henri VI, lors de son entrée à Paris. Cet évêque, chancelier de France pour les Anglais, maria sa nièce, fille du comte de Saint-Pol, au duc de Bedfort; le mariage fut pompeusement célébré à Thérouanne en 1433. Bedfort fit venir d'Angleterre deux belles cloches qu'il donna à la cathédrale de Thérouanne. » *

La *Légende des Flamands* accusa Louis de Luxembourg d'avoir vendu la Pucelle aux Anglais. *Jeanne d'Arc* avait passé quelque tems dans les prisons d'Arras, avant d'être transférée à Rouen. Le cruel évêque de Thérouanne y assista, avons-nous déjà observé avec indignation, « au supplice inhumain de la vierge miraculeuse qui avait sauvé les états de l'ingrat Charles VII. » **

En 1436, le duc d'Yorck, régent de France après Bedfort, commença par ôter l'office de chancelier à Louis de Luxembourg; ce dernier cependant ne se relâcha pas de ses efforts pour maintenir le joug de l'étranger. Il exerça dans Paris une odieuse tyrannie, et y fit prêter un nouveau serment général au roi d'Angleterre. Lors de la rentrée du légitime souverain, il se réfugia à la Bastille; contraint d'y laisser sa chapelle qui était d'une grande valeur, il en sortit couvert des huées des Français qui le traitaient de *vieux renard*. On voit, il est vrai, qu'en 1440, peu d'années avant sa mort, il essaya des négociations avec les Anglais pour la paix.

David, fils naturel du duc de Bourgogne, fut nommé, quelque temps après, évêque de Thérouanne; Charles-le-Téméraire assista à son installation.

En 1444, l'official de Thérouanne avait mis en interdit le

---

* De Barante.

** Variétés historiques sur Saint-Omer.

ville de Saint-Omer, pour un mécontentement que l'histoire n'explique pas. Déjà une mesure semblable avait été prise par ce clergé contre les Audomarois, en octobre 1422, à cause de l'emprisonnement dans leur château du *clerc* Robert de Sainte-Aldegonde, accusé d'avoir volé le comte Warwick et les Anglais de sa suite. En différentes circonstances, les évêques de Thérouanne renouvelèrent leurs prétentions de suprématie à l'égard de l'abbaye de Saint-Bertin ; ils n'y réussirent jamais. Dans ce siècle, l'inquisition avait établi son infernal pouvoir dans l'Artois, mais en juillet 1491, on lut solennellement à Thérouanne l'arrêt de réhabilitation du malheureux de Beaufort. Ce fut le terme de cet odieux pouvoir dans notre province.

Philippe-le-Bon avait donné en 1447, à Jean d'Auxi, grand-maître des arbalétriers de France, l'office de maître des eaux et forêts du comté d'Artois et la capitainerie de Thérouanne.

Louis XI, débarrassé enfin de son redoutable antagoniste, s'était empressé de faire rentrer sous sa domination les principaux domaines de la puissante maison de Bourgogne. Il se rendit maître alors d'une partie de l'Artois. Thérouanne fut livrée par le peuple qui profita du désordre pour piller la maison de l'évêque, à qui dans le même moment les Gantois commençaient à faire le procès. C'était Guillaume de Cluny qui évita le sort du chancelier Hugonet, en réclamant le bénéfice ecclésiastique.

» En 1477, * le roi se mit au-dessus de Thérouanne qui se rendit volontairement. » Il y fit ses pâques, en août, après s'être écrié : *Ma bonne vierge, encore une !* et il y signa une suspension d'armes avec la république de Venise. Ses troupes, en y entrant, avaient défait 300 arquebusiers bourguignons qui venaient de brûler le château de Thiembronne.

» Pour éteindre le droit de suzeraineté que l'Artois avait sur la ville de Boulogne, Louis XI transporta et conféra cette suzeraineté à la sainte Vierge, *sa petite maîtresse, sa grande amie.* » **

---

* Molinet.

** Etudes historiques.

Le rusé monarque n'était pas l'inventeur de ce stratagème pieux, car plus de 470 ans auparavant, un évêque de Thérouanne, pour mettre sa nièce et les grands biens qu'elle possédait à couvert des recherches importunes d'un prétendant dédaigné, avait imaginé de faire la donation de sa fortune à l'église épiscopale, suivie toutefois d'une immédiate rétrocession à titre de fief perpétuel, qui ne l'obligeait qu'à la vaine cérémonie de l'hommage. *

Ce fut le 7 août 1479 que fut livrée la bataille d'Enguinegatte, village entre Aire et Thérouanne. (16)

Maximilien s'était présenté, le 25 juillet précédent, avec 25,000 combattans devant la vieille ville des Morins, et avait logé dans une maison de bois derrière l'abbaye de St.-Jean-au-mont; l'artillerie commençait à opérer, lorsqu'on aperçut la poussière des bataillons français. La faible garnison de la place assiégée insulta à cet aspect les bandes ennemies. Une haîne implacable animait les deux armées.

Vers deux heures après-midi, le combat fut entamé; il dura jusqu'à huit heures. La cavalerie de l'archiduc prit la fuite en désordre; Desquerdes la poursuivit imprudemment, tandis que ses fantassins succombaient sous les coups des milices flamandes. Le sire de Saint-André, qui commandait la garnison de Thérouanne, se déshonora dans ce moment critique par le massacre d'une foule de gens sans défense. Maximilien resta en possession du champ de bataille, mais il leva le siége qu'il avait entrepris.

Lors des conférences pour la paix, en 1480, Louis XI se refusa à laisser établir l'assemblée à Thérouanne.

Cette place était à cette époque rangée parmi les *grandes* villes de la frontière. Sa garnison fut diminuée. **

Le 9 juin 1486, Thérouanne retomba momentanément au pouvoir des ennemis de la France. Salezar, gouverneur de Douai, à la tête d'un détachement d'environ mille soldats anglais et bourguignons, et à la faveur d'une nuit pluvieuse,

---

* Ancien manuscrit.

** Harduin.

franchit en silence, par un temps affreux, les murs faiblement gardés, pénétra sur le marché, et après avoir surmonté une légère résistance, occupa cette place, que Maximilien se hâta d'approvisionner, mais qui rouvrit ses portes à l'intrépide Desquerdes le 25 juillet 1487, malgré les secours envoyés de Saint-Omer.

Il paraît que la population considérable de Thérouanne ressentait alors les horreurs de la disette. Le général français s'étant ménagé des intelligences dans l'intérieur, au signal convenu, fit cacher pendant la nuit des guerriers dévoués dans les fossés de la cité. « Au point du jour et au moment où on relevait la garde, ils appliquèrent des échelles aux murs. On les escalada et on s'empara de la ville avec autant de facilité qu'elle avait été prise. » *

Denis Godefroi, dans son *Traité des droits sur le comté d'Hesdin*, allègue qu'après la soumission de la plupart des cités de l'Artois, Louis XI, par une déclaration particulière, ordonna que Hesdin et Saint-Pol seraient du ressort de Montreuil comme auparavant ; or Montreuil, sous le titre de comté, eut autrefois dans son ressort la ville de Thérouanne, appelée *Morinie*, comme le rappelle l'historien de Calais. Avant l'érection de la prévôté de Montreuil, Thérouanne relevant uniquement de la couronne de France, portait ses appels à Amiens. **

On lit dans les archives de la ville de Saint-Omer, qu'en 1490, les Français, occupant Thérouanne, avaient saisi les biens et les revenus des Audomarois, qui, par représailles, détenaient ceux des successeurs des Morins.

Lors de la paix de Senlis, en 1493, une partie des scellés devait être donnée, le 1.er septembre, pour l'archiduc Maximilien à St.-Omer, et pour Charles VIII à Thérouanne.

Thérouanne, comme on le voit, conservait toujours l'avantage de demeurer soumise à la domination des Valois, mais

---

* Derienne.

** Coutumes particulières de Thérouanne. — Coutumier général, tome 1, page 158.

nous entrons dans le siècle fatal où le ressentiment jaloux et vindicatif des Flamands et des Anglais réunis va cruellement la punir de sa longue fidélité.

La fin du règne de Louis XII fut troublée par la ligue de ces implacables voisins. Leurs coups se dirigeaient habituellement sur Thérouanne. Maximilien et Henri VIII en firent tous deux le siége personnellement en 1513. L'empereur s'y montra l'humble vassal du monarque anglais. Ce dernier, échappé à la valeur de Bayard, traversa Saint-Omer pour se rendre à son camp qu'il établit à peu de distance de cette ville.

L'armée ennemie était au moins de 50,000 hommes. « Tallebot faisait battre la ville de Thérouanne par telle fachon, que c'était orreur de veoir l'apparant, car faisant la batterie, ung pan de mur tomby, et la pluspart d'une tour. » * La garnison se défendit avec intrépidité, et l'ardeur qui l'animait avait été soutenue par un ravitaillement favorable de combattans, de vivres et de munitions. Elle avait annoncé au roi de France qu'elle résisterait jusqu'à la dernière extrémité, mais que pour ne point périr de faim, elle serait forcée de se rendre à un jour désigné. Louis XII fit les plus grandes diligences pour secourir efficacement la première cité d'une contrée qu'il affectionnait singulièrement, et s'avança même jusqu'à Amiens dans cette généreuse intention. On tenta l'expédition d'un second convoi, mais on fut loin de réussir. « Henri VIII leva son armée parderrière Thérouanne, du côté vers Saint-Omer, pour combattre les Français... » Alors fut livrée, le 18 août, la seconde bataille d'Enguinegatte, dite *Journée des Eperons*. Maximilien dirigea l'action que maintint le prince anglais, et, après diverses chances, ils restèrent maîtres du terrain qui devint célèbre par l'aventure mémorable du chevalier Bayard, demeuré prisonnier, et par les faits d'armes de quelques noms éclatans dans nos annales militaires. ** Les historiens ont décrit amplement ce combat;

* Macquereau.

** Variétés historiques sur Saint-Omer, page 96.

il est difficile de rendre un compte exact de son résultat. Pendant l'ardeur du carnage, « les assiégés firent une sortie, et le duc d'Alençon essaya de pénétrer à travers les tranchées ; mais ces deux tentatives furent repoussées, l'une par le lord Herbert, l'autre par le comte de Shrewsbury ; et le gouverneur Tétigny, désespérant d'être secouru, remit la place le 22 août. *Elle avait été pour les habitans d'Aire et de Saint-Omer un redoutable voisinage :* Henri, à la requête de *Maximilien,* leur permit d'en raser les fortifications, le 27 août. » *

Thérouanne fut démantelée et brûlée, à la réserve des édifices religieux, à cause de l'opiniâtre résistance qu'on y avait faite, et les habitans en furent chassés inhumainement. Le récit de dom Devienne est habilement tracé ; la garnison se retira avec des conditions honorables, et le sac n'eut lieu que par une violation manifeste de la capitulation. Thérouanne, malgré les efforts de Louis XII, se soumit le 21 août 1513, *date* adoptée par nos chroniqueurs, après avoir soutenu le siége neuf semaines, avec la consolation glorieuse d'avoir procuré, par sa longue et courageuse résistance, le salut de la monarchie française qui, assaillie de tous côtés par des armées formidables, ne s'était jamais trouvée dans un plus pressant danger.

Les vicaires-généraux furent obligés de se retirer, à Saint-Omer, dans la maison décanale du chapître, pour y exercer librement la justice épiscopale. Pendant le siége, Henri VIII avait invité le clergé de cette ville à faire une procession générale pour le succès de son entreprise.

Le roi d'Angleterre, accompagné de l'empereur Maximilien qui lui cédait toujours le pas, avait fait son entrée dans Thérouanne, le 24 août 1513. ** On avait cru à la conservation de la ville prise, comme un monument illustre du brillant début de Henri VIII dans les champs de la gloire, mais le prince flamand en obtint la destruction, pour le prix de sa solde et

* Lingard.

** Larrey.

la récompense de ses soumissions. Cette cruelle décision souffrit cependant quelque difficulté : *Montfaucon* prétend qu'une dispute s'éleva à ce sujet entre ces deux souverains qui la terminèrent aux dépens des vaincus. *Vély* allègue que s'étant trouvés embarrassés d'une conquête qu'ils avaient achetée si chèrement, et dont la garde aurait été très-dispendieuse sans aucun profit réel, ils prononcèrent le rigoureux arrêt dont l'exécution fut si déplorable, et il ajoute que « quelques mois après, Marguerite, gouvernante des Pays-Bas, craignant que les Français n'entreprissent de la réparer, acheva de ruiner ce qui restait encore de bâtimens. » (17)

Le funeste hymen de Louis XII avec Marie d'Angleterre procura aux Artésiens une paix momentanée. François I.er, son successeur, commença généreusement son règne en prenant toutes les mesures nécessaires pour réédifier l'ancienne cité de Thérouanne. « On en rétablit en même-temps les fortifications, en sorte que cette ville, qu'on regardait comme *la clef et le boulevard de la France*, se trouva en peu de temps sur un pied plus respectable qu'elle n'avait jamais été. » * Hendricq ** rapporte que ce monarque y fit venir des habitans, et le *grand Cartulaire de Saint-Bertin* assure qu'il s'y transporta lui-même en juin 1517. *** Il avait promis, dit-on, de laisser cette place dans l'état où on la lui avait rendue, mais, malgré les plaintes de Henri VIII, il perfectionna la nouvelle enceinte, et ajouta à ses titres à l'amour de ses sujets, celui de *Restaurateur de Thérouanne.* Hélas ! son fils ne put préserver la ville moderne du plus horrible des désastres, ni en transmettre la possession au sceptre de ses héritiers.

Dix-huit jours après son entrevue avec le roi d'Angleterre, au camp du Drap d'or, le 15 juin 1520, François I.er partit d'Ardres et alla coucher à Thérouanne. ****

---

* Devienne.

** Chroniqueur Audomarois.

*** Du 20 au 30 juin 1517. Itinéraire des rois de France.

**** Journal de la duchesse d'Angoulême.

Les Impériaux avaient ruiné Ardres l'année suivante et se disposaient à traiter de la même manière Thérouanne, où ils avaient pratiqué quelques intelligences, lorsque leur projet fut découvert par la saisie de plusieurs lettres sur une vieille femme qui les portait à l'ennemi. *

La guerre continuant toujours, les Français approvisionnèrent, en 1523, Hesdin et Thérouanne, les deux places qui étaient effectivement les plus exposées. On a observé avec raison que ces hostilités fréquentes étaient alors surtout déterminées par la démarcation des frontières de la France et des Pays-Bas, et que ces causes ne disparurent entièrement qu'à la fin du siècle suivant.

Au printemps de 1524, de Fienne, gouverneur de la Flandre, fut sur le point de tomber dans un piége adroit que lui avait tendu le duc de Longueville, chef de la garnison de Thérouanne. Cette place était investie par 15,000 Flamands, qui comptaient y entrer par trahison. L'impatience de François I.er qui était accouru pour jouir du succès de la ruse employée par son lieutenant, fit manquer un stratagème habilement préparé, et ce prince dut songer sérieusement ensuite à préserver de la famine cette ville rebâtie par ses soins et totalement dépourvue de vivres. Plusieurs combats acharnés furent livrés alors dans ses environs; un convoi y fut introduit après de brillans efforts, et la postérité rend encore hommage à l'héroïque dévouement de *Fiqueville*, ainsi qu'à l'intrépidité chevaleresque de *Pontdormi*.

Le duc de Vendôme avait passé par Azincourt (18) et Ruisseauville, avant de pouvoir faire pénétrer quelques chariots de munitions dans Thérouanne. Les ennemis s'étaient retirés à Upan, sur une petite éminence, vers Saint-Omer; le général français les ayant mis en fuite, les atteignit bientôt sur les hauteurs de Hellefaut (19) où il les mit en pleine déroute.

C'est immédiatement après cet exploit éclatant qu'une partie de la vaillante garnison de Thérouanne força l'inexpugnable passage du *Neuf-fossé*, antique barrière des Flamands.

---

* Ancien manuscrit.

La fortune de la France ayant été trahie à la journée de Pavie, François I.er dut renoncer à tous ses droits sur l'Artois ; mais, chose étonnante, on excepta dans la cession mentionnée au traité de Madrid la ville de Thérouanne et dix-sept villages du Boulonnais, comme n'ayant jamais fait partie positivement du comté d'Artois. Cette disposition fut ensuite confirmée par le traité de Crépy.

En juin 1537, les Impériaux, après avoir saccagé Saint-Pol, (20) investirent de nouveau Thérouanne, privée de défenseurs ; « elle n'avait plus son château, le roi d'Angleterre l'avait détruit lorsqu'il s'était emparé de cette place. » * Les bourgeois résistèrent avec constance et bravoure, et le duc de Montmorency, gouverneur de la Picardie, eut le temps d'y faire passer des secours suffisans. Le maréchal d'Annebaut trouva également les moyens d'y porter des approvisionnemens indispensables. Toutefois le comte d'Egmont, qui avait fait repentir ce dernier de sa témérité, allait, après une attaque opiniâtre, se rendre maître de Thérouanne, ville alors *importante,* ** lorsque la trève conclue au château de Bomy (21) le 30 juillet de cette année, arrêta les dispositions belliqueuses du Dauphin, et fit lever le siége de cette forteresse. Un sire de Morbecques ramena alors de nombreux prisonniers français à Saint-Omer.

François I.er fut si charmé des habitans de Thérouanne et de l'attachement qu'ils lui avaient témoigné, lorsqu'il les avait visités, le 3 avril de cette année, pendant que son camp était assis près Hesdin, *** que pour donner des marques de sa satisfaction à ces fidèles sujets et les récompenser de leur insigne valeur, il les déchargea à perpétuité de tout subside.

Ce prince ordonna, en 1543, au duc de Vendôme de mener dans Thérouanne un nouveau convoi de vivres et de munitions, ce qu'il parvint à effectuer sans aucun empêchement, après avoir battu le comte de Rœux.

---

* Lefebvre, de Calais.

** Dumées. Moreri.

*** Itinéraire des rois de France.

Jean de Beaulieu, maréchal de camp, avait été chargé du gouvernement de Thérouanne, par lettres du 2 avril 1543.

Un soir que François de Guise se retirait vers Hesdin, accompagné de cent gentilshommes, il aperçut quatre cents cavaliers espagnols qui devaient passer sur un pont où il les avait précédés ; il les y attendit avec assurance, les poursuivit avec vigueur, après un court engagement, jusques aux portes d'Aire, et rentra dans Thérouanne avec cent prisonniers.

En 1544, après la prise de Boulogne par Henri VIII, de nombreux habitans de cette ville allèrent résider à Thérouanne. C'était en vain que les Anglais avaient espéré alors d'ajouter cette place à leurs conquêtes. Ils perdirent, pendant qu'ils faisaient le siége de Montreuil, un convoi considérable sorti des portes d'Aire et de Saint-Omer, et nécessaire à leur entreprise ; le duc de Vendôme le conduisit à Thérouanne, avec huit cents prisonniers.

Au commencement de son règne, en 1547, Henri II, à son retour du voyage qu'il fit dans le Boulonnais, visita la ville de Thérouanne où il mit toutes choses en ordre.

A son avénement à la couronne, ce prince avait dépêché le premier hérault de France à Charles-Quint, pour le sommer de comparoir à Reims, le 26 juillet 1547, jour de son sacre, comme comte de Flandre, pour l'antique hommage et y faire sa charge de pair de France ; en même-temps, le parlement de Paris avait envoyé son premier huissier à Thérouanne, « prendre escorte de la compagnie de M. de Villebon, lors gouverneur de cette ville, pour le mener bien avant en la frontière, devers Saint-Omer, adjourner le comte de Flandre aux effets que dessus, qui eurent tous deux une réponse de semblable sujet ; le hérault, par la bouche de l'empereur, et l'huissier, par acte du gouverneur de Saint-Omer, qui était que l'empereur s'y trouverait avec 50,000 hommes pour y faire son devoir. » *

Dans l'un de ses voyages à Saint-Omer, Charles-Quint s'était approché, avec son fils Philippe, des remparts de

* Mémoires de La Vielleville.

Thérouanne, à la distance seulement d'une portée de canon. C'était le vautour qui déjà épiait les moyens de déchirer sa proie.

En quittant Saint-Omer, le 2 août 1549, l'empereur, « alla vers Thérouanne, laquelle il voulut voir... ! » * Malheureuse cité qui ne se doutait pas alors que son impitoyable destructeur se trouvait devant ses murs !

La mort de François I.er n'avait pas terminé le grand différend de l'Espagne avec la France ; Henri II avait hérité de la haîne paternelle contre Charles-Quint, et les Flamands étaient constamment disposés à exercer toute espèce de ravages sur les domaines de leurs voisins.

Au printemps de 1553, l'armée ennemie, forte de 60,000 combattans, marcha sur Thérouanne. François I.er, qui avait restauré cette ville, avait coutume de dire que *Térouanne et Acqs, en Provence, étaient les deux oreillers sur lesquels le roi de France pouvait dormir en paix*. Son successeur aurait dû veiller avec plus d'attention à la conservation de cette précieuse garantie de son repos.

Il est peu de siéges plus célèbres que celui de Thérouanne par les troupes de Charles-Quint ; aussi tâcherons-nous d'en rapporter les principales circonstances. Le vieil empereur voulait persuader à ses ennemis qu'il était encore capable de se faire craindre, et Thérouanne, capitale des Morins, si fameuse dans toutes les histoires, sous tant de rapports, et parce que la Belgique la nommait *le loup au milieu de la bergerie;* Thérouanne, qui était une très-belle ville à l'extrémité de l'Artois, lui parut un théâtre glorieux et propre à donner cette redoutable conviction à la France.

Les fortifications de la place assiégée étaient en mauvais état, on y manquait à la fois d'approvisionnemens et de soldats. Mais il était trop tard pour y faire les réparations nécessaires. François de Montmorency, fils aîné du connétable, suivi d'une valeureuse jeunesse que commandait d'Essé Montalembert, guerrier renommé, y était cependant entré cou-

---

* Balin, religieux de Clairmarais.

rageusement avec la détermination de la défendre jusqu'à la mort. Avant l'arrivée de ce renfort, qui consistait en 50 hommes d'armes, en 200 hommes de cavalerie légère, et en deux compagnies d'infanterie, la garnison n'était composée que de la compagnie de chevau-légers du seigneur de Losses et de trois enseignes d'infanterie. La troupe de Montalembert était, dit-on, de 3,000 hommes. * Il paraît au reste certain que Henri II était parvenu à introduire encore dans la ville, sous la conduite du marquis de Beaugé, 1,000 fantassins et 250 chevau-légers. Une foule de gentilshommes s'y étaient renfermés pour soutenir dignement l'honneur français jusqu'à extinction.

En quittant son lit de douleur pour voler au poste de la gloire, d'Essé avait dit au roi de France : « quand on vous annoncera que Thérouanne est prise, d'Essé sera guéri de la jaunisse et mort sur la brêche. » Bugnicourt, l'un des généraux de l'armée de Charles-Quint, qui avait une connaissance parfaite de la cité attaquée, et qui ne doutait pas de trouver d'abondantes ressources dans ses environs, avait fait cette déclaration à son souverain, au moment du départ de l'expédition : « Je vous promets dans quatre mois de vous livrer Thérouanne. Si je manque à ma parole, je consens qu'on me fasse tirer à quatre chevaux. » Avec de pareilles dispositions de part et d'autre, le siége de Thérouanne, observe avec justesse l'historien d'Artois, ne pouvait être que long et meurtrier.

Charles-Quint, prévoyant sagement que le gouverneur de l'Artois aurait des avantages signalés dans l'entreprise dirigée contre Thérouanne, qui était dans le district de son administration, avait nommé général en chef de cette expédition, Adrien de Croï, grand maître-d'hôtel, comte de Rœux et baron de Renty. (22)

Le siége de Thérouanne commença le 13 avril 1553, selon nos annalistes. La saison était favorable, et la Flandre fournissait aisément les vivres nécessaires. « Des paysans que la garnison de cette ville avait souvent pillés, ** s'offraient avec

* Devienne.

** Lacretelle.

ardeur pour seconder les travaux du siége. » — « En effet, cette garnison, qui était comme enclavée dans les cantons appartenans à l'empereur, ne cessait de faire des courses et de les désoler. Aussi à peine les Flamands surent-ils qu'on se disposait à assiéger Thérouanne, qu'ils accoururent en foule. Les uns demandèrent de servir comme soldats et comme pionniers, les autres amenaient des chariots pour voiturer ce qui était indispensable. Les femmes accompagnaient les hommes avec leurs enfans et n'étaient pas moins animées pour concourir à la destruction d'une ville, qui depuis si long-temps leur était funeste. On apportait des munitions et des instrumens pour remuer les terres. On faisait la plus grande chère aux soldats et on leur donnait de l'argent. Les paysans, pour faire voir qu'ils ne doutaient nullement de la prise de la ville, en faisaient le tour avec des instrumens de musique, comme pour célébrer d'avance leur triomphe, et ne cessaient de pousser des cris de joie et de faire des huées. » * Les femmes en outre, afin d'encourager les habitans, vociféraient contre les Français des chansons patoises, que de vieux Artésiens, long-temps Espagnols d'usages, d'esprit et de cœur, répétaient encore le siècle dernier à leurs descendans. ** De leur côté, « les habitans voyant, du haut de leurs murailles, que les Impériaux trainaient leur artillerie avec peine et nonchalance, offraient la leur par dérision, » *** leur lâchant toute espèce de brocards et leur rappelant ironiquement la levée honteuse du siége de Metz, en mettant paître une brebis sur les remparts orgueilleux où la toison-d'or néanmoins ne devait pas tarder à briller.

« Adrien de Croï commença par établir deux batteries, l'une sur le mont Saint-Jean, au couchant de la ville, et l'autre à l'opposite, qui firent, en très-peu de temps, de grandes brèches aux remparts. »

Les Français montrèrent beaucoup de résolution au début du siége et s'emparèrent même d'une pièce de campagne,

* Devienne.

** Ancien Manuscrit.

*** Collet.

qu'on conduisait d'Aire au camp ennemi ; la place, attaquée avec la plus énergique furie, fut défendue avec la plus extrême opiniâtreté. Aucune des ressources de l'art militaire ne fut négligée réciproquement. Cependant des tours étaient abattues, et les fossés se remplissaient de décombres. Les sorties de d'Essé étaient meurtrières et fatales aux travaux des assiégeans.

On était parvenu à la mi-juin. Le comte de Rœux venait de mourir de maladie au château d'Upan, et avait été remplacé dans le commandement par le seigneur de Bugnicourt. Déjà les Espagnols, qui commençaient à se lasser des obstacles renaissans qu'ils rencontraient dans leurs opérations, et à perdre l'espoir du succès, murmuraient l'intention d'aller assaillir quelqu'autre place ; * mais Hallain de Biancourt, qui dirigeait l'artillerie des Espagnols, avait enfin pratiqué une large brêche, et l'assaut était décidé. Il fut terrible. « Il faut estimer ** qu'il y fut fait un des merveilleux combats dont jamais fut mémoire. » L'assaut dura plus de dix heures, et les assaillans, après avoir perdu plus de 1500 hommes, furent obligés de se retirer, à l'approche de la nuit ; mais le brave d'Essé avait accompli sa loyale promesse, il avait été tué d'un coup d'arquebuse par un soldat espagnol. Il valait plus qu'une cohorte.

Il attendait de pied ferme l'ennemi sur la brêche, et bientôt il s'était précipité à la rencontre d'un officier qui portait une enseigne-colonel. « Un arquebusier français qui tremblait trop pour les jours de son général, ajuste l'assaillant et le renverse dans le fossé ; un Espagnol ajuste d'Essé, l'étend sur la brêche et venge son capitaine. » ***

Le bouillant et inexpérimenté Montmorency exerça alors l'autorité supérieure dans la place assiégée, et reçut des principaux officiers de la garnison la noble assurance qu'ils imiteraient tous le dévouement de Montalembert. Quelques secours inespérés affermirent en même-temps cette résolution.

---

* Duvillars.

** François de Rabutin.

*** L'honneur français.

Le 18 juin, selon le grand cartulaire de Saint-Bertin, les Impériaux donnèrent deux nouveaux assauts qui furent très-meurtriers de part et d'autre. « Une mine fit sauter ensuite les derniers ouvrages. » Tous les dehors étaient pris, et la brèche était assez large pour qu'un cavalier, armé de toutes pièces, y pût pénétrer facilement. Une vieille chronique rapporte que le malheur des assiégés vint du boulevard de *la Patrouille,* dont les assiégans s'étaient emparés par la sape. Le rapport de de Thou mentionne que « les assiégés pour la plupart étaient tués ou blessés, et le reste épuisé par les travaux continuels et entièrement découragé. »

Sur les huit heures du matin, la capitulation de Thérouanne fut résolue, le mardi 20 juin, par un conseil de guerre. Dans son trouble ou dans son désespoir, le jeune commandant négligea, avant de faire battre la chamade, d'obtenir préalablement une suspension d'armes, et pendant qu'on stipulait les articles de la reddition, la place abîmée était envahie par une soldatesque effrénée, avide de sang et de pillage. Les Espagnols agirent avec humanité envers les Français, qui les avaient traités généreusement au siége de Metz, mais les Impériaux et les Belges massacrèrent impitoyablement tous les infortunés habitans qu'ils purent rencontrer, sans distinction d'âge ni de sexe. « Estoit chose étrangère et incrédible à ouyr raconter les étranges vacarmes et cruautés qu'y commirent les Allemands et les Bourguignons.... » Divers épisodes de ce sac terrible se débitent même aujourd'hui dans ce lugubre endroit, et la tradition les portera long-temps encore aux générations futures.

Hendricq dit que, Thérouanne ayant été prise d'assaut, on y mit « tous au fil de l'épée sans nul épargne... » — « Après le meurtre et le pillage, voit-on dans la version de M. de Neuville, * le feu y fut mis de tous côtés, rien ne fut épargné, pas même les églises; » ni la cathédrale dont l'antiquité remontait au troisième siècle, une des plus belles des Pays-Bas, et qui, « par si grand accroissement à diverses fois était de-

* Annaliste audomarois.

venue la plus magnifique et excellente de l'Europe, * » ni le monastère renommé de Saint-Benoit, ni les trois nouvelles paroisses de Saint-Martin n'échappèrent à cette affreuse dévastation. Les peuples de la Flandre et de l'Artois vinrent précipitamment assister à cette désolation et emportèrent des pièces de bois et des lambeaux, pour témoigner d'avoir contribué à la ruine de Thérouanne, en sorte qu'en moins d'un mois, il ne resta plus pierre sur pierre, ni aucune forme de ville ni de maisons; là où il y avait, dit Léti, « pour le moins 12,000 habitans, quelques-uns écrivent même 15, et d'autres jusqu'à 20,000. »

On y sema du sel en signe d'extermination irrévocable.

Instruit de la prise de Thérouanne, Charles-Quint en éprouva un plaisir aussi grand que si c'eût été *l'empire de Constantinople*. Il commanda aussitôt, sans doute pour empêcher qu'elle ne retombât entre les mains des Français, que cette forteresse fût rasée jusques aux fondemens, afin qu'il n'en subsistât que la place, *terra vana;* ordonnant en même-temps de faire venir des ouvriers des villes voisines pour enlever ce qui demeurerait après le sac. Il ne fut que trop bien obéi. Le seigneur de Vitri présidait à cette inique démolition. La gendarmerie audomaroise, selon le manuscrit de M. *de Cardevacque*, employa quinze jours à abattre cette cité. On y envoya aussi de Saint-Omer 2,000 pionniers pour cette indigne opération.

142,000 coups de canon ** furent tirés contre les murs de cette malheureuse ville. L'imprévoyance et l'avarice de ses gouverneurs contribuèrent à sa perte, à laquelle Charles-Quint fut surtout poussé par les plaintes et l'animosité de ses sujets.

Les assiégés n'avaient au reste « aucuns outils pour se retrancher, comme ils eussent pu faire. Ce sont des fautes fort familières aux Français, lesquels s'endorment ou relaschent en la provision des affaires, ne faisant jamais rien qu'à la hâte et hors de saison, donnant par ce moyen à leur ennemi les avantages qu'ils devraient prendre sur lui. » ***

---

* Gazet.

** Délices des Pays-Bas.

*** Duvillars.

Les meilleurs capitaines espagnols figurèrent à ce siége; on remarquait parmi eux le prince d'Orange et le comte d'Egmont. Montmorency et ses braves compagnons d'infortune furent conduits prisonniers dans la ville de Saint-Omer, où l'on fit, le 27 du même mois, une procession générale avec les châsses de St. Folquin et de St. Erkembode, pour célébrer solennellement ce grand résultat, qui fut aussi chômé en plusieurs endroits par diverses inscriptions triomphales. « On fit des feux de joie dans toute la Flandre, on sonna les cloches, on tira le canon. »

Henri II, à la nouvelle certaine de la prise de Thérouanne, en manifesta les plus vifs regrets, et un deuil extrême, « tristesse le saisit si aigrement, que long-temps il demeura sans parler. » *

« La France perdit avec cette place, observe justement l'historien de Calais, un des plus forts boulevards qu'elle eût pour arrêter les irruptions des Anglais et des Flamands de ce côté-là, et qui avait été fortifiée avec tant de soin qu'elle passait pour une des plus fortes du royaume. » C'est après la destruction de Thérouanne ** que Charles-Quint choisit Saint-Omer pour place d'armes dans cette partie de ses états, sa conquête lui ayant coûté trop cher pour qu'il la relevât de ses ruines.

On trouva dans l'enceinte une nombreuse et grosse artillerie, entr'autres deux belles et longues couleuvrines, l'une appelée *madame d'Aire*, parce qu'elle portait jusques sur le marché de cette cité; l'autre, dite *madame Frelin*, qui avait presque la même portée.

Telle fut la fin de Thérouanne, de cette *brave petite ville* dont l'importune position gênait les rêves de domination universelle qui n'abondonnaient point Charles-Quint; il les transmit aussi vainement à son successeur qui ne voulurent jamais consentir au rétablissement de cette forteresse: « les réflexions naissent d'elles-mêmes sur un si triste événement, » s'écrie

* François de Rabutin.

** Manuscrit du général Vallongue.

Dumées ! « Il n'en reste que le nom et la place.... DELETI MORINI ! » * Lieu d'un renom immortel par tout le monde, gens belliqueux, évêché distingué, héroïque et dévouée frontière de France, cité tant de fois assiégée, la charrue a passé sur vos débris.... *Deleti Morini !*

Les archives de la ville de Saint-Omer mentionnent que « d'après le traité de paix du 3 avril 1559, conclu au Câteau-Cambresis, il avait été stipulé que, n'étant pas possible au roi d'Espagne de restituer la ville et cité de Thérouanne dans le même état qu'elle avait été prise, les lieux et le territoire où était assise ladite ville, avec ce qui en dépendait, seraient restitués au roi de France, mais que cette cité ne pourrait jamais être rebâtie, ni même aucun fort construit sur son plateau. » L'Espagne mit toujours un soin rigoureux à faire respecter cette clause, jusqu'à se plaindre une fois par ses ambassadeurs de l'établissement d'une maison particulière qui fut aussitôt démolie. Charles-Quint, qui avait visité les ruines de Thérouanne le vendredi 10 août 1554, trois jours avant la bataille de Renti, avait proposé vainement l'année suivante, à Henri II, le comté de Charollais en récompense de son territoire. ** L'érection d'un nouvel évêché fut en même-temps décidée, à cause du changement de domination advenu dans une partie de cet ancien diocèse. Les Audomarois s'empressèrent naturellement de solliciter le siége de cet évêché, qu'ils obtinrent de Paul IV et de Pie IV, par bulles du 12 mai 1559, et du 11 mars 1560.

Le diocèse de Thérouanne fut ensuite soumis à la juridiction de l'évêché de Boulogne jusqu'en 1677 qu'il rentra dans celui de Saint-Omer.

Vignon, religieux de Clairmarais, auteur d'une histoire inédite de Charles-Quint, pense que tous les habitans de Thérouanne furent pris ou mis à mort par les vainqueurs; *Robertson* allègue qu'ils furent dispersés dans les environs.

* Manuscrit de Balin.

** François de Rabutin.

Montfaucon dit que l'ennemi passa tout au fil de l'épée, sans épargner les femmes et les petits enfans.

L'historien des Morins avait continué ses annales jusqu'à l'époque du renversement de leur capitale : la perte de son manuscrit nous a privés sans doute des documens les plus curieux sur ce grand événement.

La prise de Calais consola la France de la chûte de Thérouanne : « ceux qui contribuèrent le plus à repeupler Calais, furent les habitans de Thérouanne. » * Les religieuses de l'ordre de St.-Dominique, dont le couvent avait été fondé dans la capitale de la Morinie, au treizième siècle, par l'épouse de Robert I.er, comte d'Artois, vinrent également s'y établir, après avoir séjourné à Saint-Omer.

Ces anciens Morins apportèrent dans leur nouvelle patrie leur amour inaltérable pour la domination française, car les annalistes calaisiens assurent qu'en 1596, lors de l'entrée sanglante du cardinal Albert, il n'y resta avec les Espagnols que deux familles, que méprisèrent toutes celles qui revinrent à la paix de Vervins.

Les trente-cinq chanoines de Thérouanne avaient rencontré dans le chapitre de Saint-Omer une généreuse hospitalité.

Leur réception dans la cathédrale, le 27 mai 1554, se fit avec toute la solennité, avec toute la considération due à l'importance du siége supprimé, et à l'éclat de son malheur. Les pieux fugitifs portaient une statue de la Vierge, d'argent doré, le chef de St. Maxime qu'ils furent contraints d'y laisser quelques années après, et les reliques de St. Humfride. Oudart de Bersaques, dernier prévôt de la collégiale, leur adressa les paroles les plus affectueuses.

Lorsqu'en vertu des ordres du pape et de Philippe II, la séparation des chapitres de Thérouanne et de Saint-Omer eut été opérée, par acte du 12 août 1563, les chanoines, réduits au nombre de dix-huit, reconnurent les soins délicats de leurs confrères par l'abandon de quelques antiquités précieuses, avant leur départ pour l'église de Saint-Martin d'Ypres. (23)

---

* Bernard.

« La destruction de Thérouanne, opération plus digne d'un despote ottoman que d'un empereur chrétien, » de cette séculaire cité romaine qui manqua du bras puissant du conservateur de Metz, a été le sujet, nous le répétons, de graves méditations pour de nombreux historiens, d'immenses recherches pour les archéologues, et d'inspirations dramatiques pour quelques poètes.

Le n.° 22 du catalogue des manuscrits de la bibliothèque de Lille mentionne un poème par des habitans d'Hesdin (24) sur la prise de Thérouanne. « Adieu, soyez voisins de Terewane. » — En 1820, l'académie royale d'Arras couronna un poème intitulé : *la Ruine de Thérouanne*, par M. Charles de Saint-Maurice, de Paris.

D'autres poèmes inédits sur ce désastre inoui se trouvent en outre dans plusieurs bibliothèques de cedépartement, ainsi que diverses complaintes anciennes. Il y a encore un récit de la prise de Thérouanne par Marcheti. (25)

« On remarque dans la cathédrale de Saint-Omer quelques débris de celle de Thérouanne, tels que statues, pierres sépulchrales et autres, dignes de fixer l'attention par leur antiquité. » * M.r *Hédouin* a consacré une livraison de ses *Souvenirs historiques* au *tombeau de St. Omer*. Eh! qui n'a pas été frappé de la vaste renommée du *grand Dieu de Thérouanne?* Ces figures colossales proviennent du grand portail de la cathédrale des Morins.

Voici ce que nos chroniques nous apprennent à cet égard :

Par acte du 10 juillet 1553, le grand portail de la cathédrale des Morins fut donné à la collégiale de Saint-Omer ; les chanoines de cette ville exposèrent 200 francs pour en faire le démolissement, mais voyant qu'il ne pouvait être approprié ni appliqué à leur église, ils ordonnèrent de retirer les images et les plus beaux ornemens de ce portail. Ce sont les figures colossales de pierre dure qu'on voit encore aujourd'hui dans la cathédrale des Audomarois, parmi lesquelles on distingue le *tombeau de St. Omer* et le *grand Dieu de Thérouanne*. (26)

* Conducteur dans Saint-Omer. Baclé. 1827.

Quatorze dalles de pierre, de grandeur uniforme, représentant une bigarrure de fables sculptées et provenant aussi de Thérouanne, ont été transportées au muséum naissant, d'une chapelle de la cathédrale. Cette basilique est remplie de bas-reliefs de l'ancien temple des Morins qui ont fixé l'attention de M. Vitet, « un des hommes qui sentent le mieux en matière d'arts et d'antiquités, » et qui ont été copiés avec exactitude par M. Wallet, professeur de dessin à Douai, auteur du magnifique atlas *topographique et pittoresque de Saint-Omer*.

Diverses médailles ramassées dans les décombres de cette vieille cité ornent encore notre muséum. Il parut, sous Charles-le-Chauve, des deniers d'argent sur lesquels étaient gravés ces mots latins : *Tarvenna. Civ.*

« Des débris intéressent quand ils portent le cachet de la vénérable antiquité. On touche avec respect une monnaie qui peut avoir passé dans les mains de César ou de Tacite. » *

M. *de Smyttère* prétend que l'ancienne horloge de Thérouanne sert depuis long-temps pour la tour de l'église de Cassel. Arras, dit-on, possède aussi plusieurs de ces précieuses antiquités.

« Les habitans de Thérouanne et des faubourgs, épars dans les campagnes, demeurèrent long-temps sans paroisse. Ce ne fut qu'en 1617 ** qu'il s'en érigea une dans le bas de ce lieu, sous l'invocation de St. Martin. »

Lors du siége de Saint-Omer, en 1638, les Français commirent des excès épouvantables dans les environs de Thérouanne. Ils ne respectèrent ni les églises et les vases sacrés, ni les chaumières et le sexe timide. Ce qui avait conservé le nom de l'illustre cité des Morins était alors plongé dans la plus profonde solitude. *** Quelques édifices cependant y avaient été construits, car il est dit que les habitans, à l'approche des Français, se réfugièrent dans une île de cet endroit, et

---

* Dumersan.

** Hennebert.

*** Chifflet.

qu'ils y furent ou tués ou faits prisonniers. Apparemment les Espagnols en avaient rétabli de nouveau le circuit, pour mettre la frontière d'Artois à couvert, et y avaient rebâti plusieurs maisons. En effet, suivant un plan tracé au temps où le maréchal de Châtillon s'en rendit le maître, il y existait une circonvallation régulière avec des tourelles de distance en distance. Il n'en est plus question depuis qu'on a laissé Thérouanne à la France par le traité des Pyrénées, en 1659, mais à la condition déjà prescrite qu'elle n'en releverait pas les fortifications, à quoi elle s'est conformée, de sorte qu'en 1717, on n'y apercevait plus que les traces de son enceinte primitive. Le gouverneur espagnol de Saint-Omer veillait d'ailleurs constamment à ce que les Français ne pussent bâtir de rechef ces murs terrouanais. M. de Neuville prétend qu'une chapelle du *Saint-Esprit* y était restée ; on y a vu long-temps les débris d'une porte de ce nom. Antiquaires de la Morinie, qu'est devenue la pierre élevée à l'endroit d'une des portes, et sur laquelle étaient gravés ces mots indélébiles : *Deleti Morini ?*

M. *Mondelot* observe que, lors du siége d'Hesdin en 1639, les Français allèrent camper sur les ruines de Thérouanne. En 1641, les Espagnols, qui tâchaient de faire parvenir des secours à la ville d'Aire assiégée, se déterminèrent à établir leur camp sur le mont de Thérouanne.

Le vainqueur de Cassel présenta la capitulation de la ville de Saint-Omer à la signature de Louis XIV, le 22 avril 1677, à Thérouanne, quartier-général de l'armée française, où ce monarque coucha la nuit suivante. *

Lors du voyage littéraire des deux bénédictins de St.-Maur, dans cette contrée, en 1710, Thérouanne fut visitée par ces savans pélérins : « nous passâmes en y allant, racontent-ils, sur une levée qu'on dit être un ouvrage des Romains, et nous vîmes le lieu de l'ancienne ville de Thérouanne dont on remarque encore toute l'enceinte, mais dont il ne reste aucun débris. » Dans la campagne de 1710, la droite de l'armée des

---

* Itinéraire des rois de France.

alliés était à Thérouanne. Le fameux Malboroug s'y reposa quelques instants.

Hennebert écrivait en 1788 qu'il ne restait de cette ville que des fossés qui, « malgré le laps du temps, n'étaient pas encore comblés. » La croûte des décombres de Thérouanne formait douze pieds d'épaisseur non démolis.

« On peut remarquer en passant le beau terrain que cette ville occupait autrefois, mais *nunc seges ubi Troja fuit.* » *

Il y avait jadis à Saint-Omer une porte *dite de Thérouanne*, ** et l'une des rues de la ville d'Hazebrouck a le nom de *Thérouanne*.

Les étrangers s'informent toujours avec curiosité de Thérouanne ; les progrès de l'agriculture ont utilisé actuellement la plus grande partie si long-temps stérile de cette fameuse position militaire, mais on y rencontre souvent des *Cicerone* complaisans qui s'empressent de vous faire une description raisonnée des monumens gothiques, et de vous détailler amplement l'histoire tragique de la ville des Morins.

Ici est l'emplacement de la *vieille ville*, là sont quelques vestiges de la *cathédrale*. On vous répète qu'on y pratique encore en divers endroits quelques fouilles qui enrichissent les collections des archéologues.

Une tempête horrible éclata sur ce canton le 28 avril 1718, vers les six heures du soir. Le village de Thérouanne, contenant plus de cinquante feux, fut anéanti.

En 1790, Thérouanne possédait une justice de paix comme chef-lieu d'un canton composé de treize communes. Depuis 1801, elle fait partie du canton d'Aire.

Le 14 avril 1799, un affreux incendie réduisit en cendres soixante-deux maisons de ce bourg naissant, et consuma en outre le presbytère et l'église. Les archives de Saint-Omer relatent que le 20 avril suivant un concert fut donné à la salle des spectacles au profit des incendiés de Thérouanne. La paroisse actuelle, qui n'offre absolument rien de remarquable,

---

* Piganiol.

** Chronique de Flandre, page 100.

fut réédifiée par la piété généreuse des habitans. On a retrouvé dans le cimetière quelques fragmens de fondations séculaires.

Les habitans de Thérouanne avaient sollicité, en 1820, l'établissement d'un franc-marché ; cette demande fut rejetée à cause de la population peu importante de cette commune, d'un accès très-difficile dans la mauvaise saison. Elle l'obtint cependant en 1821, et par ordonnance du 30 décembre 1831, le roi des Français vient de lui accorder deux foires, dont l'une se tiendra le 1.er février et l'autre les 19 et 20 juillet. Le franc-marché a lieu le premier mardi de chaque mois. Sa kermesse est fixée au troisième dimanche de juillet.

La petite commune de Nielles a été réunie à Thérouanne le 20 mars 1822; son église, qui est une annexe, contient deux chapelles.

La superficie territoriale de Thérouanne est de 466 hectares ; elle renfermait, en 1830, environ 150 maisons et sa population ne tardera guère à s'élever au-delà de 1000 habitans. Avant un siècle, ce sera peut-être une ville nouvelle qui recommencera d'éclatantes destinées.

La grande route de Saint-Omer à Thérouanne, de seize kilomètres, si pittoresque et si avantageuse par Blendecques, Heuringhem et Muyssant, sera bientôt terminée, grâces à la sollicitude active de plusieurs membres du conseil-général auprès du gouvernement.

Apparaissant sur le théâtre du monde avec les premiers Césars, brûlée sous Néron et par Attila, passant du despotisme des empereurs romains sous le joug des rois francs, berceau du christianisme dans la deuxième Gaule belgique, siége épiscopal d'une juridiction étendue, ne reconnaissant jamais d'autre maître ou suzerain que le roi de France, saccagée plusieurs fois par les Normands, incendiée par les Flamands et les Anglais dans le quatorzième siècle, dévastée deux siècles après par ces implacables ennemis réunis, restaurée vainement par François 1.er, détruite enfin de fond en comble par l'inexorable Charles-Quint, et soulevant lentement ses ruines, telle est l'histoire de Thérouanne, capitale de l'ancienne Morinie, dont l'origine et la catastrophe composent principalement le drame.

« Ainsi les plus superbes villes du monde, s'écrie à ce sujet Scipion Dupleix, ont leur commencement, leur progrès et leur fin, selon qu'il plaît à la divine providence d'en étendre la durée, ce qui nous fait connaître que les ouvrages des hommes ne sont pas de plus avantageuse condition que les hommes mêmes qui en sont les auteurs, et sont sujets à même vicissitude. »

BIOGRAPHIE LITTÉRAIRE

DE THÉROUANNE.

« Les religieux, auteurs de beaucoup d'écrits, maintenant oubliés, ont mérité l'estime de leurs contemporains, et jouiraient encore de quelque renommée, sans les immenses progrès de la littérature, et le développement de tant d'idées nouvelles. » *

Nous croyons certainement cette observation pleine de vérité, mais nous pensons aussi en même-temps qu'il n'est pas sans utilité de rappeler les titres de cette renommée qu'avaient jadis à l'estime publique « ces anciens cénobites qui renfermaient avec candeur toute leur vie dans leurs études, ces hommes du passé gothique et des vieilles abbayes. » **

Les recueils de *faits* qu'ils nous ont laissés n'ont pas été inutiles, il s'en faut, même à l'histoire générale de notre patrie.

Grimbald, natif de Thérouanne, *** fut un des moines de Saint-Bertin qui, cédant aux instances réitérées de l'illustre Alfred, allèrent porter les bienfaits des belles-lettres dans l'inculte Angleterre. Par un touchant et magnanime échange de procédés favorables à la propagation des lumières et à la civilisation européenne, il instruisit ce prince avec le zèle le plus ardent, digne émule de l'anglais Alcuin, habile précepteur du roi de France.

---

* Biographie d'Abbeville.

** Etudes historiques.

*** Gazet.

Grimbald, qui avait rendu d'importans services au monastère où il avait passé sa vie, était octogénaire lorsqu'il suivit Alfred dans la Grande-Bretagne. Il contribua puissamment à y relever les études qui se trouvaient, dans ce royaume, dans un état complet de décadence. Il était réputé pour sa connaissance des anciennes écritures et ses succès dans l'art de la musique. *

« A la mort d'Alfred, le vieux Grimbald avait demandé la permission de se retirer près des amis de sa jeunesse, parmi le clergé de Saint-Omer, mais Edouard, ne voulant pas se priver de ses services, obtint de lui qu'il resterait en Angleterre, en lui promettant, selon l'intention du feu roi, de lui donner un monastère dans le voisinage de sa capitale. » ** Bientôt en effet une vaste église est bâtie à l'usage de Grimbald, et l'on y confie à sa garde les restes du grand Alfred.

Le nom de Grimbald est mentionné dans la légende des saints. Cette circonstance s'explique facilement par le respect que les moines portaient aux personnages éminens de leurs couvens, et qui les entraînait souvent à décerner ce titre. Il mourut le 8 juillet 904, abbé de Wincestre. On lui a attribué *les Annales de Saint-Bertin*.

Il y eut un autre Grimbald, évêque des Morins, lors de l'avénement de Charlemagne. Ce prince l'envoya à Jérusalem d'où il rapporta de précieuses reliques. On le compte parmi les membres du clergé qui allèrent féliciter le nouvel empereur d'Occident à son retour d'Italie. Il fut chargé de diverses inspections dans l'intérieur du royaume, et laissa, dit-on, une *Chronique de Thérouanne*.

Il est à remarquer qu'à l'époque d'Alfred, qui régnait encore sur des espèces de sauvages, les princes carlovingiens étaient presque tous instruits. Louis-le-Débonnaire était très-versé dans la connaissance des lois, et Charles-le-Chauve, qui avait de grands talens, soutenait spécialement tous ceux qui se livraient au doux travail des lettres.

---

* Asser de Wise.

** Lingard.

La conservation des œuvres de l'antiquité est le plus grand miracle des temps barbares, et il est incontestable que nous avons des actions de grâces à rendre aux savans religieux du moyen-âge, qui, par leur zèle infatigable, nous ont transmis ce riche héritage.

Les évêques de Thérouanne, siége d'un vaste diocèse, * participèrent la plupart à cette impulsion régénératrice, rivalisèrent souvent avec les moines de Saint-Bertin, renommés par leur science, et dans une cité toute militaire, s'adonnèrent constamment à adoucir les mœurs de ses habitans par la protection efficace qu'ils accordaient aux bonnes études.

Nous avons dit qu'Ethaire et St. Folquin étaient considérés, dans le huitième et le neuvième siècle, comme les prélats les plus érudits du royaume.

Wicfride, 22.e évêque, est au nombre des écrivains qui florissaient en Artois dans le dixième siècle. **

Drogon, 26.e évêque, élevé à Saint-Riquier, a écrit les vies de Ste. Levine et de Ste. Godelive, celles de St. Oswalde, roi d'Angleterre, et de St. Winoc, fondateur de la ville de Bergues. ***

L'archidiacre Hubert qui lui succéda, non le patron des chasseurs, comme l'a écrit un de nos académiciens, **** était un prêtre très-savant, mais qui fut convaincu d'hérésie, « à quoi sert la science, si l'on ferme les yeux à sa lumière pour s'enfoncer dans les ténèbres de l'erreur, et pour suivre les conseils d'un cœur dépravé. » *****

Jean, 30.e évêque, est cité comme cultivant avec succès la science des choses spirituelles, et s'appliquant à éclairer les peuples qui lui étaient confiés. Il rédigea l'histoire de Robert-le-Frison, comte de Flandre.

* Gallia christiana. T. 10. P. 1527. — Iperius. — Oudegherst. P. 290. — Sanderus. — Amplissima collectio Marten. et Durand.

** Hennebert.

*** Histoire de Bergues.

**** Arnault, revue de Paris.

***** Lefebvre.

« On voit dans la vie du bienheureux *Jean*, évêque de Thérouanne, écrite par Jean de Colmieu, archidiacre de la même église, quels furent ses prédécesseurs sur le siége de Thérouanne, et quels ressorts ils firent jouer, la plupart, pendant ce temps de troubles, pour s'élever à l'épiscopat. » *

BALDÉRIC, auteur des *Chroniques de Cambrai et de Thérouanne*, était chantre dans la capitale de la Morinie, où il mourut en 1112. « Son style, sans être pur, ne manque ni de gravité ni de précision. » ** Sigebert, célèbre écrivain du temps, fait un cas tout particulier des œuvres de Baldéric, qu'il appelait une *abeille laborieuse*. « Après l'histoire des églises d'Arras et de Cambrai, il fit celle de Thérouanne. Elle existait encore au seizième siècle, mais le manuscrit, après avoir passé par différentes mains, ne se retrouve plus aujourd'hui. » ***

GAUTIER, chanoine de la cathédrale de Thérouanne, a composé la vie de Charles-le-Bon.

« Nul événement peut-être ne fit, dans le cours du douzième siècle, une impression aussi générale et aussi profonde que l'assassinat de ce comte de Flandre. Gautier, peu de mois après la catastrophe, en écrivit une relation circonstanciée où il consigna tout ce qu'il avait recueilli de témoins oculaires, tout ce qui s'en racontait dans le pays. » ****

« Dans ces temps, des hommes célèbres par leur dévotion et leur sagesse faisaient fleurir l'Eglise française; c'était Milon, évêque des Morins, remarquable par sa vertueuse humilité. » ***** MILON I.er était le camarade d'études et l'ami intime de Suger; il entretint avec ce grand homme une correspondance très-suivie; il est loué par Baron, à cause de sa science.

MILON II, anglais de naissance, prélat d'une profonde ins-

---

* Dom Bouquet, tome XIV.

** Du Rozoir.

*** Dom Bouquet, tome XI.

**** Duchesne. — Guizot.

***** Guillaume de Nangis.

truction, ayant appris le débarquement * de l'éloquent Thomas Becket, archevêque de Cantorbéry, le préserva des dangers qui l'attendaient sur le continent, et après quelques jours de repos dans l'abbaye de Saint-Bertin, reçut honorablement, dans sa ville épiscopale, cette énergique victime du despotisme couronné. Cet évêque a institué l'abbaye de Saint-Augustin-lez-Thérouanne. (27)

ADAM, 36.e évêque de Thérouanne, est l'auteur d'une histoire *de l'ordre des Citeaux*.

GERARD DE DAINVILLE, 46.e évêque, a laissé quelques manuscrits qu'on voyait, dit-on, encore dans la bibliothèque de Cambrai, avant 1789.

On rapporte qu'en 1352, Pierre Becoud, dit le chevalier de Thérouanne, voulant contribuer aux progrès des lettres dans son pays, abandonna à l'université de Paris un hôtel appelé Boncourt, sur la montagne de Sainte-Géneviève, avec ses revenus, à la charge d'y nourrir et entretenir huit boursiers, y compris le maître. L'acte de cette fondation porte qu'ils seront pris dans l'étendue du diocèse de Thérouanne, de la dépendance de la France, et non dans la partie qui appartenait à la Flandre. Ils devaient être à la nomination des abbés de Saint-Bertin et de Saint-Eloi, et étudier en logique et en philosophie naturelle et morale. **

TABARY et MATHIEU RENAUD adoucirent les chagrins du malheureux Charles VI.

Tabary lui dédia six livres *de Arte medicâ;* et c'est aux sollicitations patriotiques de Mathieu Renaud que ce monarque irrité fit grâce aux habitans de Bapaume, après s'être emparé de leur ville. Renaud est auteur d'une *Vie des Papes*.

JEAN LEJEUSNE, 52.e évêque, a écrit la vie du pape Eugène IV. Il fut envoyé, par Philippe-le-Bon, au concile de Florence et fut fait cardinal.

MATHIEU DESPRETZ, archidiacre de Thérouanne, a fait un recueil de recherches sur les antiquités de son diocèse, au commencement du seizième siècle. (28)

---

* Notice historique sur Gravelines.

** Lefebvre.

Les vertus de Philippe de Luxembourg, 57.e évêque, « estimé pour l'un des plus grands prélats de son temps, » étaient propres certainement à faire oublier, s'il était possible, les crimes de Louis de Luxembourg.

En 1521, François de Melun, son successeur, abolit dans son diocèse *la fête des fous*, qui s'y célébrait encore annuellement en décembre. On prétend que la piété éclairée de ce sage pasteur dut recourir aux menaces des foudres de Rome pour le maintien de son interdit contre cette cérémonie ridicule. (29)

Jean de Lorraine, 59.e évêque, revêtu des dignités ecclésiastiques les plus éminentes, ami de Léon X qui visita cette contrée, éprouva la satisfaction de voir sortir de son diocèse plusieurs littérateurs distingués. Sa demeure fut toujours l'asile agréable des écrivains et des savans, qui ont loué hautement sa générosité et son mérite.

Antoine de Crequi fut l'infortuné témoin de l'horrible destruction de Thérouanne, et mourut de tristesse quelque temps après la suppression de son siége épiscopal.

Malbrancq cite souvent une *Chronique des Morins*, par l'archidiacre Mattheus, de Thérouanne. — Lambert, de Guînes, « un des oracles de la deuxième Gaule belgique, » fut d'abord archidiacre de Thérouanne. — Antoine Sanderus, qui a répandu tant de jour sur l'histoire de la Flandre, a été écolâtre et pénitencier de Thérouanne.

Le clergé du diocèse de Thérouanne, depuis Grimbald, époque où quelques paroles de l'évangile créaient des princes justes au milieu de la barbarie permanente, jusqu'au soixante-et-unième et dernier de ses évêques, a jeté, sauf quelques rares exceptions, un respectable éclat dans le monde moral et a figuré avec honneur dans la littérature ecclésiastique. Il produisit un pape, neuf cardinaux et sept archevêques.

La plupart des noms de cette légende ont été célèbres dans la Morinie pendant plusieurs siècles, ils étaient populaires dans leur temps.

Au reste, « les moines n'étaient peut-être pas aussi inutiles qu'on l'a cru de nos jours. Mes lectures habituelles, en me couchant, sont de vieilles chroniques des troisième, quatrième, cinquième et sixième siècles. Je les lis ou je me les fais traduire. Rien n'est plus curieux et plus ignoré que le passage des anciennes mœurs aux mœurs nouvelles, la tradition des anciens états aux nouveaux, fondés sur leurs ruines. » *

Les chanoines de Thérouanne avaient emporté à Boulogne et à Ypres quelques manuscrits de leur ancienne bibliothèque. Ceux d'Ypres avaient conservé une copie d'Ypérius, différente de l'imprimé. *La vie de St. Omer*, connue sous le nom de *Manuscrit de Thérouanne*, ne subsistait plus depuis plusieurs siècles. — Le n.° 1654 de la bibliothèque *protypographique de Bourgogne* mentionne un livre de *Matheolus*, en français, traduction du latin de maistre Mahieu, par Jean Lefebvre, de Thérouanne. Paris, Antoine Vérard, 1492, in-folio. — Le n.° 568 du catalogue des manuscrits de la bibliothèque de Cambrai, note un *Utriusque juris repertorium*, in-folio, vélin, du quatorzième siècle, terminé pour Robert Boistelli, archidiacre de Thérouanne.

Les bénédictins de Saint-Maur, dans leur voyage littéraire, trouvèrent, dans le séminaire de Boulogne, un ancien missel de l'église de Thérouanne, d'environ quatre cents ans. — Deux manuscrits de la bibliothèque de Thérouanne sont au nombre des neuf cent vingt volumes manuscrits de celle de Saint-Omer. L'un est insignifiant, l'autre (n.° 745 du catalogue) a pour titre : *Chronicon Bertinianum*, ouvrage d'un écrivain sensé, judicieux et bien instruit des faits qu'il rapporte. La langue picarde dominait jadis à Thérouanne.

On s'étonnera peut-être de voir cette biographie renfermée uniquement dans le cercle ecclésiastique, mais il faut observer que « le nom du peuple ne se rencontre nulle part dans la monarchie de Hugues-Capet, parce que le peuple n'existait pas ; la nation, *militaire* et *religieuse*, consistait dans la noblesse et le clergé. » ** Nous avions signalé la valeur des habitans de Thérouanne dans les différentes phases de son histoire, il ne nous restait qu'à faire ressortir plus spécialement le mérite

---

* Napoléon au conseil-d'état.

** Etudes historiques.

littéraire de son clergé, à une époque de guerre continuelle, où les lettres ne trouvaient en quelque sorte de protection et de culture que dans l'intérieur des chapitres ou des monastères. Au reste, il est bon de ranimer parmi nous le goût d'un genre d'études qui présente un attrait élevé et que notre siècle léger et frondeur a trop négligé ; on ressent d'ailleurs aujourd'hui généralement « un certain charme à remonter dans les siècles qui nous ont précédés ; nous aimons à lire dans les vieilles annales des peuples, et nous nous associons avec plaisir à tout ce qui put les intéresser ; nous éprouvons un respect presque religieux à l'aspect des ruines d'une ville ancienne et des débris des temples qui la décoraient... » * Au surplus, jamais « il ne faut rien oublier, car tout est sujet d'instruction et d'expérience. » **

* *Le Temps*, n.° du 26 mars 1833.
** Guizot.

NOTES

SUR THÉROUANNE.

(1) *Page* 1.re — *Le Courrier du Pas-de-Calais*, n.° du 4 novembre 1832, dans un compte rendu des *Variétés historiques sur la ville de Saint-Omer*, en manifestant le regret de ce que les recherches ne s'étaient pas étendues sur les lieux qui jouissaient d'un renom au temps de l'antique Morinie, s'est écrié : « Thérouanne, cette cité aux fréquentes et tragiques épreuves, n'avait-elle rien d'intéressant à nous raconter ? » Une *histoire de Thérouanne* ne tarda pas à être insérée dans les *Archives du Nord*. Nous en faisons paraître aujourd'hui une édition plus complète, et nous croyons devoir remplir tout d'abord un acte de justice et de conscience, en rappelant la mémoire de Collet, qui a publié, en 1830, une notice de 28 pages in-12 sur la capitale de la Morinie.

(2) *Page* 1.re — La Société des Antiquaires de la Morinie, instituée à Saint-Omer en 1832, a reçu, comme membres honoraires, une infinité d'archéologues des diverses parties du royaume ; presque tous ont demandé aux Audomarois des renseignemens sur la capitale des Morins ; « c'est l'histoire de Thérouanne qu'il nous faut. » C'est alors que M. *Jean Derheims*, dans son excellent mémoire sur l'*importance des recherches archéologiques*, a proféré ces paroles éloquentes : « nous tournerons les yeux vers la capitale de la Morinie, nous chercherons cette ville riche et célèbre que les guerres ont effacée ; nous pleurerons sur son sort, et les pleurs de la pitié sont doux et consolans. »

Bientôt la société arrêta un programme pour le concours du 16 décembre 1833 ; la première des questions qu'il renferme est relative à Thérouanne :

« Il sera décerné une médaille d'or, du prix de 200 francs, au meilleur mémoire sur l'état de l'ancienne cité des Morins, avant et pendant la domination romaine, jusqu'à la conquête des Francs au cinquième siècle. L'auteur devra envisager la question sous les divers points de vue suivants :

« L'état topographique de l'*oppidum* de Thérouanne dans cette période de temps, son étendue, et ses principaux monumens ;

« Son gouvernement, ses institutions religieuses, civiles, militaires, administratives et judiciaires ;

« Examiner les motifs qui ont porté César à mettre une aussi grande importance à la conquête des Morins ; entrer dans quelques détails sur les moyens de défense de ces derniers, sur le rang qu'ils occupaient dans la confédération Gauloise, et sur les limites de leur territoire. »

(3) *Page* 2. — Nous n'avons pas joint un plan de Thérouanne à cette histoire, parce que nous pensons qu'il n'en existe plus d'exact. — Celui colorié, qui se trouve dans le tome 1.er des Annales de M. de Neuville, n'est qu'une imitation du dessin de Malbrancq, figuratif de cette cité au huitième siècle. Toutefois, il existe encore dans ce pays quelques petits plans de Thérouanne ; nous en avons vu un de 1553, et un autre de 1775 relatif aux travaux agricoles entrepris sur l'ancienne enceinte. M. Wallet en a une collection précieuse.

Lorsque de zélés Calaisiens se rendirent récemment à Londres pour en rapporter, pour leur bibliothèque publique, des documens précieux sur les siècles de la domination anglaise, ils eurent occasion d'examiner un beau plan du siége de Thérouanne en 1513. La publication de ce travail attrayant pour l'archéologie, est une entreprise digne de la société des antiquaires de la Morinie. Le chevalier Beaurain a exécuté une vue de cette antique cité.

Sir Thomas Phillipps, savant bibliophile anglais, a puissamment contribué à la découverte de ces curieux monumens. La bibliothèque de Saint-Omer possède aussi de vieilles cartes qui peuvent être compulsées avec fruit sur la topographie du pays. « Il ne faut pas négliger de consulter les cartes du moyen-âge ; elles sont utiles non-seulement pour la géographie historique, mais encore parce qu'à l'aide des noms propres de lieu, on retrouve des origines de peuples. » (Préface des *Etudes historiques.*)

(4) *Page* 3. — *Malbrancq* et *Adrien de Valois* ont donné des détails très-étendus sur les commencemens de Thérouanne. On a paru croire que *Lorgies* avait été l'ancienne ville des Morins. (Annuaire du Nord, 1830.) Ce peuple fier et intraitable était d'origine gauloise.

.... Morinon changea en Terroane
Son nom, sa ville encore en rié, et terre vaue.
(Vieil imprimé.)

(5) *Page* 4. — « L'indépendance était tout le fond d'un barbare : » — « fidèle à son serment et à sa haine, Comius refusa de se trouver face à face avec un Romain, puisqu'il avait déposé l'épée... La Gaule aussi déposait pour la dernière fois les armes. » (Amédée Thierry.)

(6) *Page* 4. — Dom Devienne (tome 1.er, page 174), a exprimé une opinion qui mérite d'être méditée sur le plan de Thérouanne et sur la voie romaine qui y aboutissait. On appelait cette voie *le chemin de Leulingue*, qui conduisait au camp du Drap-d'or et à Sangatte.

Ce chemin est regardé, avec raison, comme une ancienne voie romaine, restaurée seulement par la reine Brunehaut, d'autant plus que M. le Manissier, entrepreneur renommé pour la belle exécution de ses travaux, y faisant fouiller dernièrement, on y trouva des médailles d'empereurs romains. (Debonningue.)

(7) *Page* 7. — D'après plusieurs auteurs du Boulonnais, Childéric I.er faisait son séjour habituel à Thérouanne, et c'est de la qualité de roi qu'il y affectait qu'a pris naissance la *régale* si vantée de cette ville.

(8) *Page* 8. — « Du moment que le franc *Hlodewig* se fut déclaré le petit-fils et le vassal de St. Pierre, sa conquête s'agrandit en Gaule, allègue M. Thierry, sans aucune effusion de sang. » C'est-à-dire que, la religion chrétienne étant

devenue dominante dans les Gaules, son règne s'établit sans obstacle par la justice et les lois que les évêques apprenaient aux peuples à respecter, mais nos annales n'en sont pas moins remplies des crimes effroyables et des passions atroces qui ont empreint un cachet de barbarie sur le front des premiers dominateurs de la France.

(9) *Page* 8. — Un critique bienveillant a exprimé le désir de nous voir indiquer la sorte de paganisme qui a précédé le culte chrétien dans la Morinie.

La religion des Morins était, comme celle des Nerviens, un mélange de dogmes sublimes, de pratiques superstitieuses, de doctrines et de croyances absurdes. Ils adoraient *Niorder*, le maître des vents, *Teutatès*, le protecteur des guerriers, le cruel *Tir*, le taciturne *Vidar*, *Pluton*, qu'ils appelaient l'*aveugle*, et une foule d'autres idoles affreuses (car nous ne pouvons nous arrêter à rechercher l'origine des divinités gauloises, ni celle du culte qu'on leur rendait); donnant ensuite dans l'extravagance du sentiment, le premier objet sensible qu'ils choisirent pour en faire le principe et la fin de leur religion, fut le chêne, *l'Irminsul, ce roi de la forêt obscure*, symbole poétique qui rappelait le polythéisme de la Grèce. Ils proclamaient aussi, avec enthousiasme, cette généreuse maxime : « ne dédaigne pas les avis d'une femme ; elle aperçoit de bien loin les choses de l'avenir et sait des paroles qui endorment les douleurs. » On sait trop généralement que les druïdes étaient les prêtres et les juges de ces peuples pour qu'il soit nécessaire de récapituler les témoignages des historiens sur cette caste sacerdotale. « Auguste prit place parmi les génies des Gaules jusqu'à ce que le temps fût venu pour lui de les détrôner à son profit. » Claude abolit la religion des druïdes ; les chassa-t-il entièrement des Gaules ? c'est ce qu'on ne peut établir avec certitude. Les Romains avaient d'abord aboli les sacrifices humains ; Tibère condamna les sacrificateurs assassins aux mêmes tourmens qu'ils faisaient endurer à leurs victimes ; Néron brûla leurs refuges et leurs bois consacrés. Les Gaulois désabusés finirent par abandonner les druïdes, lesquels étant devenus inutiles, puisqu'on ne croyait plus à leurs discours, mais toujours avides d'exploiter la crédulité, se firent magiciens; en effet, depuis l'établissement du christianisme, ces prêtres barbares ne sont plus considérés que sous les noms vils et odieux de nécromanciens et de sorciers.

Il y aurait un tableau intéressant à retracer de la lutte qu'ont présentée dans les Gaules le druidisme expirant sous les coups des décrets de Rome, ébranlés à leur tour par les divinités sauvages des Sicambres et des Francs, et la religion chrétienne renversant les idoles des uns et des autres, triomphant par sa céleste morale du despotisme sanglant des ministres de Teutatès et du fanatisme farouche des terribles enfans d'Odin, ainsi que des fables séduisantes de la mythologie gracieuse des Grecs et des Romains.

(10) *Page* 12. — Boulogne a long-temps élevé la prétention de posséder le principal siége de la Morinie; lors des dévastations des Normands, les évêques de Thérouanne furent obligés de se retirer à Boulogne, et lors de l'avénement à l'épiscopat de Jacques de Boulogne, en 1290, un poète de cette ville s'écria que « celle dont elle avait ravi le siége avait maintenant l'avantage de la régir! ». Thérouanne avait fait rejeter ensuite la demande d'un évêché pour Boulogne, qui néanmoins, après 1553, hérita d'une partie de son renom ecclésiastique. L'église de Notre-Dame de Boulogne, longtemps gouvernée par un évêque, avait été réunie, dans le septième siècle, à l'évêché de Thérouanne. Cette circonstance explique en partie la prétention des Boulonnais. — Il est vrai de dire aussi qu'avant Hugues-Capet, un abbé de Saint-Bertin a possédé, en propriété, les villes de Boulogne et de Thérouanne.

(11) *Page* 14. — On voit dans le *Missale audomarense*, un des plus riches manuscrits de la bibliothèque de cette ville (n.° 60), l'effigie d'un évêque, soit de Thérouanne, soit de Saint-Omer, en avant du chœur de son église; comme ce manuscrit, par tradition, est appelé le *Manuscrit de Thérouanne*, on croit que ce chœur, qui est de toute beauté, est celui de l'ancienne capitale de la Morinie.

(12) *Page* 15. — *L'Office de saint Omer, précédé de sa vie* (par M. l'abbé *Bailly*, curé-doyen d'Arras), Saint-Omer, 1822,

in-12. Chez M. Lemaire. — On peut voir le portrait de saint Omer dans le manuscrit n.° 698 (Variétés historiques, p. 9), dans le manuscrit n.° 60, dans Malbrancq, tome 1, page 548, et dans les sceaux du grand cartulaire de Saint-Bertin, t. 2. — La vie de saint Omer se trouve dans toutes les vies des saints, et dans le recueil des historiens de France. — Le curé actuel de l'église de Notre-Dame a, dans son éloquent discours d'installation, le 3 février dernier, placé de nouveau sa paroisse sous le patronage de saint Omer.

(13) *Page* 19. * — Il serait assez difficile de préciser de quelle manière les comtes de Thérouanne relevaient des comtes de Flandre, appelés alors *comtes des comtes*. Les évêques de Thérouanne étaient en outre soumis pour leurs terres à des comtes particuliers dont ils relevaient également. Nous avons mentionné les cessions *contestées* de la ville de Thérouanne à Lydéric II et à Baudouin-bras-de-fer, par Charlemagne et par Charles-le-Chauve. Nous n'avons point passé sous silence la donation de Charles-le-Simple à Baudouin II, la prise de possession par Arnould-le-Grand, la réédification de Baudouin IV, et les actes d'autorité de Charles-le-Bon; mais nous devons observer qu'au siècle de Hugues-Capet, l'Artois ne formait qu'une partie de la Flandre; que Lothaire venait de retenir Thérouanne comme une place démembrée du royaume; qu'après la bataille de Bouvines, des députés de Thérouanne, portant bannières, promirent au roi de France de garder fidèlement leur cité totalement séparée de la Flandre; et qu'enfin il résulte positivement de l'ensemble des écrivains artésiens, que si Thérouanne tomba momentanément au pouvoir des comtes de Flandre et d'Artois ou des ducs de Bourgogne, ce ne fut que par le sort des armes, ou par des traités qui ne prononcèrent jamais sa séparation absolue avec la France.

Dans le plan colorié de Thérouanne, par M. Deneuville, ainsi que dans celui des *Délices des Pays-Bas*, on voit les armoiries des comtes de Thérouanne, telles que nous les avons indiquées, c'est-à-dire *la tête de Maure*.... *Philippe de*

---

* L'indication de cette note a été omise à la fin de la page 19.

Lespinoy, auteur de la *Recherche des Antiquités et Noblesse de Flandre*, avait succédé aux anciens vicomtes et châtelains de Thérouanne, qui brillaient jadis au premier rang des bannerets de Flandre, et « dont la bannière était armoyée d'argent, à la bordure bresquotée d'azur, à l'escusson de gueule sur le tout. »

Nous devons ici une explication sur les armoiries de Thérouanne. Un antiquaire, qui par ses importantes découvertes en archéologie rendra, sans doute, d'éminens services à la science, a prétendu que nous avions confondu les armoiries de Thérouanne avec celles de Saint-Pol, et que l'autorité des *Délices des Pays-Bas* n'était d'aucun poids à l'appui de nos allégations. Voici d'abord le jugement de l'abbé Lenglet sur la septième édition de cet ouvrage : « le détail en est fort exact et fort juste. » Les armoiries de Thérouanne y sont détaillées au tome 2, page 285 ; et on lit cette autre définition dans le même volume, à la page 272 : « les armes de Saint-Paul sont d'azur à une gerbe d'avoine, fleurie d'or, liée de même. » Il y a grande similitude effectivement, mais point de confusion. Hennebert a pensé, avec raison, qu'on n'apercevait dans l'antiquité que des emblêmes, des devises, des chiffres. Dans l'origine, une semblable cause a pu distinguer les territoires de Thérouanne et de Saint-Pol, leur fertilité en avoine ; ensuite la tête de Maure figura spécialement dans l'écusson du comte de Thérouanne, tandis que le comte de Saint-Pol prenait le surnom de Campdavaine, *Candens avena*, signifiant avoine blanche.

Nous avons remarqué encore dans quelques vieux mémoires sur l'histoire de ce pays, que les premières armoiries, comme *celles de Thérouanne*, portaient un *fonds de pourpre* ; et en outre, que ces armoiries consistaient aussi en un fonds de gueules à la double croix d'argent. Les évêques de Thérouanne et de Saint-Omer, à en juger par la dernière miniature de notre manuscrit, n.° 60, ne se décoraient-ils point de la double croix ? Au reste, nous reconnaissons que toutes ces hypothèses sont conjecturales, mais nous désirons que ce point de numismatique soit incessamment éclairci par les amateurs de cette intéressante branche de l'archéologie.

(14) *Page* 24. — Nous avons raconté la fondation de l'ordre des templiers, par un enfant de la *Maison de Saint-Omer* (Variétés historiques, pages 35, 36). On verra des fragmens instructifs sur ces chevaliers célèbres dans les ouvrages de Châteaubriand, Capefigue et Mazas. Etienne Pasquier dit naïvement à l'égard de leur condamnation, que puisqu'elle a été prononcée par un concile général, « je veux croire que ce ne fut sans juste sujet. » Walter-Scott, qui ne les aimait pas, a mis cette exclamation exagérée dans le chapitre XXXV de son *Ivanhoé* : « Les ames de nos saints fondateurs, les esprits d'Hugues de Payen, de Godefroy de Saint-Omer et des sept bienheureux qui s'unirent les premiers pour consacrer leur vie au service du temple, ne peuvent plus jouir sans trouble de leur béatitude éternelle ! »....

(15) *Page* 28. — Azincourt est un sol presque tout formé des ossemens de nos pères. Les corps des chevaliers tués à cette désastreuse journée furent enterrés par les habitans, qui creusèrent de larges fosses. D'après *Monstrelet*, ce cimetière, préparé par les soins du bailli d'Aire et de l'abbé de Ruisseauville, fut bénit par l'*évêque de Guînes*, au commandement et comme procureur de Louis de Luxembourg. Le tome VI des vies *des grands capitaines français du moyen âge*, par M. Mazas, est terminé par une note extrêmement curieuse sur ce déplorable champ de bataille. Elle atteste la piété de la maison de Tramecourt, et donne quelques détails de la fouille importante qu'y fit exécuter, en 1816, un officier supérieur anglais.

A l'époque de l'occupation de l'armée anglaise dans nos environs, M. Gengoult, sous-préfet de l'arrondissement de Saint-Omer, remplissant alors ce poste à Saint-Pol, se conduisit envers quelques étrangers, avides de remuer cette plaine fatale, avec l'énergie convenable à un magistrat français, avec la considération due à la mémoire de tant de guerriers malheureux. Une vaste trouée dans une pièce voisine de la route, voilà tout ce qui rappelle Azincourt.

Jean de Croï de Renti, tué à Azincourt, fut inhumé dans l'abbaye de Saint-Bertin. On retrouva en juillet 1808, dans le caveau d'une chapelle de la paroisse de Saint-Denis, à Saint-

Omer, le cercueil de Guillaume d'Averoult, comte de Licques, tué également à Azincourt.

Nos archives nous apprennent « qu'à la défaite d'Azincourt, les archers et les arbalétriers de Saint-Omer, n'ayant pu se mettre en bataille, pensèrent à garantir leurs corps et laissèrent là tout. »

(16) *Page* 31. — Le clocher d'Enguinegatte, situé sur une colline très-pittoresque, a été posé sur une vieille tour en partie brûlée. Cet endroit sera aussi à jamais renommé dans l'histoire par les deux batailles qui portent son nom. En 1479, les Français étaient campés à Blangy, village du diocèse de Thérouanne, où se trouvait une église sous l'invocation de saint Omer.

(17) *Page* 35. — Le n.° 22 du catalogue des manuscrits de Lille mentionne que « la conquestre faite par le roy d'Engleterre de Terrouanne et Tournay, pour la dépense dudit roy d'Engleterre, porte la somme de 36,000 libr. sterl. vaillans 72,000 nobles à la rose, faissans sept millions et 20,000 nobles à la rose. »

(18) *Page* 36. — A l'époque de la bataille d'Azincourt, la forêt de Ruisseauville, qui bornait la vue, conduisait à Fruges, d'où l'on pouvait gagner la grande chaussée de Saint-Omer ; on découvre encore dans ce village situé à quelques lieues de Créci, et à peu de distance de Fruges, quelques vestiges de son abbaye, dont la fondation remontait à l'an 999. — Le château de Fruges est cité quelquefois dans les chroniques du moyen-âge. Philippe de Valois y signa, le 18 juillet 1347, une ordonnance favorable aux habitans d'Abbeville. On compte actuellement dans ce bourg 3,200 habitans. On prétend que la civilisation y est moins avancée qu'à Fauquembergues. Le choléra y a exercé de grands ravages dans la vallée ; cependant la demoiselle *Rosey* vient d'y mourir à l'âge de 116 ans.

(19) *Page* 36. — Depuis la défaite des Normands sur l'antique colline d'Hellefaut, jadis battue des flots de l'Océan, il n'avait guère été question de ce village dans notre histoire. On y avait construit, l'an 275, sous l'invocation de la Ste. Vierge, dans la même place où se voit aujourd'hui la paroisse,

une église qui passe pour la première érigée dans cette partie de la Gaule belgique (Hennebert). Les gens du pays soutiennent qu'il s'appelait autrefois *Mer-Fault*, et des étymologistes arrivent au même résulat, en donnant à la syllabe *Helle* de l'ancien nom d'Hellefaut, la signification qu'elle a dans le mot saxon *Hell*, qui s'applique aux eaux profondes, comme dans *Hell-Becks* (Allent).

Après la victoire du duc de Vendôme, le souvenir historique de *Hellefaut* se reproduit dans la relation du siége de 1677; brûlé par les Français après la prise de Saint-Omer, les habitans d'Hellefaut ne trouvèrent d'asile, pendant trois ou quatre ans, qu'en appuyant contre les murs de l'église des solives qu'ils avaient été mendier dans les villages voisins. Cette commune est célèbre par quelques découvertes d'antiquités et surtout par ses camps. Jules César et plusieurs autres empereurs romains, quelques rois francs, diverses notabilités du moyen-âge, les derniers rejetons des Condé, Napoléon impatient d'y montrer l'empereur des champs de bataille, le trop heureux vainqueur de Waterloo, le trop imprudent successeur de Louis XVIII, ont laissé d'ineffaçables souvenirs sur le plateau d'Hellefaut.

(20) *Page* 37. — Le manuscrit autographe de l'histoire des comtes de Saint-Pol, par le père Turpin, de l'ordre des dominicains, né en ladite ville, portant la date de 1721 et imprimé en 1731, est inscrit au catalogue des manuscrits de la bibliothèque de Saint-Omer, sous le n.° 771. — Le n.° 772 porte cet intitulé : Mémoires pour servir à l'histoire et description des comté, pays et ville de Saint-Pol, autographes du père Turpin, rédigés en 1730. Nous pensons que ce manuscrit est celui qu'a signalé M. Mazas, dans sa note à la fin de son tome VI. Indépendamment des documens généraux très-intéressans pour l'histoire de sa ville natale, l'auteur y a inséré une dissertation sur les *diverses armoiries* de Saint-Pol, une généalogie singulière des descendants de *St. Hubert* dans cette cité, et quelques détails historiques sur l'abbaye de Ruisseauville.

(21) *Page* 37. — Le château de Bomy est mentionné dans l'histoire à cause de la trêve qui y fut signée le 30 juillet 1537 par Henri II. On y voyait encore, dit-on, avant la révolu-

tion, un petit oratoire habité par un ermite, et dans le bois voisin, une statue de Jules-César : souvenirs des Romains et de Ste. Fredevise, nom primitif de Bomy.

Nous dirons maintenant quelques mots sur plusieurs autres villages des environs de Thérouanne.

Les évêqués de Thérouanne prenaient possession de leur dignité dans l'église de Saint-Martin-au-Mont, à Clarques, désignant ainsi la première église du diocèse. « Au-delà de l'église est une petite montagne, d'un hectare de superficie, sur laquelle se trouvait la statue équestre de St. Martin. La régularité de ce tertre attire encore aujourd'hui l'attention. » Les évêques de Thérouanne avaient une maison d'agrément à Saint-Martin-d'Ardinghem, appelée *Cour l'Evêque*.

La tour de Merck-Saint-Liévin est remarquable par son architecture hardie. Des marins de la Normandie et de la Bretagne viennent encore assez souvent dans cette paroisse, renommée par ses pélérinages, y suspendre leurs offrandes et implorer la protection de l'Eternel.

La maison de Thiembronne servit fidèlement la France dans les guerres du moyen-âge. Il y avait dans cette commune une résidence de templiers, fondée par Clarembaut, seigneur du lieu. Thiembronne, traversé par une voie romaine de Thérouanne à Boulogne, fut brûlé en 1477, et son château dévasté en 1595.

(22) *Page* 40. — Ce seigneur s'était rendu, en 1525, en qualité d'ambassadeur, auprès de Charles de Bourbon, afin de l'attirer dans le parti de son maître. Il assista, comme chambellan, au couronnement de Charles-Quint, à Bologne.

(23) *Page* 47. — Aussitôt après la notification de l'acte du 12 août 1563, on dressa un inventaire des livres, reliques et ornemens que les chanoines de Thérouanne pouvaient emporter. Ils tinrent surtout à conserver la chape que Clément VII avait sur lui lorsqu'il fut sacré pape, et dont il avait fait présent à l'église des Morins. Si le *Missale audomarense* vient réellement de Thérouanne, il aura été présenté, en 1554, à Oudart de Bersaques, car ce dernier prévôt de la collégiale de Saint-Omer en fit don à la cathédrale, en 1558, par son

testament, selon l'attestation qu'en porte ce manuscrit, enrichi de neuf jolies miniatures. La première, qui est la plus grande, a cinq pouces de hauteur sur six de largeur environ. Elle représente la *Toussaint*, et l'on pense y reconnaître le portrait de *saint Bertin*, comme dans la dernière, dont le sujet est la fête de *saint Omer*, des Audomarois reconnaissans déterminent l'image de leur bienfaisant fondateur.

(24) *Page* 48. — Les Impériaux firent subir aussi à Hesdin, en 1553, le même sort que Thérouanne avait éprouvé. Son nom seul fut donné à une ville nouvelle. — M. Mondelot a publié, en 1823, *le vieil et le nouvel Hesdin*, ou histoire de ces deux villes. — Les manuscrits n.os 772 et 751, de Turpin, contiennent encore quelques documens sur Hesdin. — C'est par le territoire d'Hesdin que César entra d'abord dans la partie méridionale du pays des Morins. — L'histoire de cette cité établit de nombreux rapports entre ses habitans et les Audomarois : Adolphe, 7.e comte d'Hesdin, souscrivit à Saint-Omer, le jour des rois 1056, un concordat au sujet d'une contestation ecclésiastique. — Une lettre critique sur les comtes d'Hesdin a été composée par un auteur anonyme de Saint-Omer. — C'est à Saint-Omer qu'on transporta une partie des grés d'Hesdin, après sa démolition. — En 1555, Charles-Quint voulant ériger un chapitre au nouvel Hesdin, nomma *Lambert de Gaverelle*, chanoine de Saint-Omer, l'un des commissaires pour l'institution de cette église. — C'est un religieux de l'abbaye de Saint-André-lez-Hesdin qui découvrit, en 1594, la tentative projetée par les Français sur la ville de Saint-Omer. — Deux fois les Espagnols rentrèrent honteux et confus à Saint-Omer de n'avoir pu s'emparer d'Hesdin ; d'abord en 1482, tombés dans un piège imaginé par Desquerdes, ensuite en 1659, trop confians dans les promesses éphémères de Fargues. — Le collége d'Hesdin fut réuni à celui de Saint-Omer en 1768. — Un arrêt du conseil d'Artois autorisa le chemin de Saint-Omer à Hesdin, le 30 mai 1772.

« La position d'Hesdin rendait cette place extrêmement importante. Elle fut prise et reprise au moins huit fois pendant les 76 dernières années de son existence » (Mondelot). L'ingénieux *Berthoud* a bien voulu nous avertir que des sorciers allaient tenir le sabbat dans la forêt d'Hesdin ; ce n'est sans doute qu'une idée romantique.

A la bataille de Rosebecq, Enguerrand d'Hesdin était un des huit gardiens du roi Charles VI.

« La science n'a sauvé *Ambroise Paré*, d'Hesdin, que grâce à la honteuse maladie de Charles IX. »

Simon, d'Hesdin, a traduit Valère-Maxime ; *David Aubert*, habile calligraphe, Jean Mansel, compilateur de la *Mer des histoires*, *Jean Paradis*, membre de la confrérie des libraires de Fruges, nés à Hesdin, sont mentionnés dans la bibliothèque de Louis de la Gruthuyse, et dans celle des ducs de Bourgogne.

Joseph Vallart, né à Fortel, près Hesdin, est considéré parmi les grammairiens.

En 1604, le généreux médecin *Pelet* fut appelé de la ville d'Hesdin dans celle de Saint-Omer, à cause de la peste.

Jean-Baptiste-François Hennebert est né à Hesdin, le 21 août 1726. La principale production de cet estimable écrivain est l'*Histoire générale de la province d'Artois*. Il est mort à Saint-Omer le 12 avril 1795.

Nicolas-François-Joseph Boulenger, auteur d'un *Voyage historique en Belgique* et de diverses œuvres classiques, est né à Hesdin ; sa mère était une nièce de l'abbé Prévost.

Hesdin se glorifie, à juste titre, d'avoir donné le jour, le 1er avril 1697, au célèbre auteur du *Doyen de Killerine* et de *Manon Lescaut*. Sa mort fut-elle aussi tragique qu'on l'a redit jusqu'à présent, le 23 novembre 1763, dans la forêt de Chantilly ? M. Léon Gozlan, dans la *Revue de Paris*, tome XLII, prétend que l'abbé Prévost fut frappé d'apoplexie en sortant de chez le curé de Saint-Firmin ; que les moines de l'abbaye s'emparèrent alors de son cadavre, le revêtirent de la robe qu'il avait délaissée, et l'enterrèrent dans le cimetière du couvent.

Le père de l'abbé Prévost, qui était procureur du roi au bailliage d'Hesdin, avait cinq fils, dont plusieurs étaient des hommes de mérite.

Hesdin compte encore avec raison parmi ses enfans les plus distingués M. *Tripier*, qui fit tant d'honneur au barreau de la capitale, et le lieutenant-général du génie *Garbé*, que regretteront long-temps les sincères partisans de la monarchie constitutionnelle.

L'Hôtel-de-ville d'Hesdin est extrêmement gracieux ; *les Souvenirs du Pas-de-Calais*, planche VIII, en présentent un dessin très-correct. On doit signaler surtout, parmi les vastes et beaux salons de l'intérieur, une bibliothèque naissante, digne de fixer, par le choix de ses ouvrages, l'attention des amis des lettres. Le désir de l'administration locale est de porter au double, s'il est possible, le nombre actuel de quatre à cinq mille volumes. Puisse-t-elle être efficacement encouragée dans cette utile prétention ! Nous y avons admiré un superbe manuscrit du quatorzième siècle, contenant l'histoire d'Hesdin. M. Mondelot a avancé que Bouldrin-Verquin était, en 1517, imprimeur en cette ville.

M. Prévost, maire d'Hesdin, petit-neveu du grand écrivain, justifie de plus en plus la confiance de ses concitoyens qui, comme il y a dix ans, « aiment à reconnaître et se plaisent à répéter que leurs vœux seraient comblés si la volonté ferme d'un premier administrateur, ses efforts soutenus, son zèle éclairé et sa constante sollicitude suffisaient pour assurer la prospérité d'une ville. »

Hesdin est sans contredit une des villes les plus agréables du Pas-de-Calais. L'air y est très-sain, l'enceinte fort propre, et le choléra a été impuissant sur sa population de 3,700 ames. Les environs en sont charmans et remplis de traditions historiques. L'abbaye d'Auchy-lez-Moines, où fleurit maintenant une magnifique filature, était une filiation du monastère de Saint-Bertin.

(25) *Page* 48. — « De Morini, quod Theruanam vocant, et Hedini expugnatione, deque prælio apud Rentiacum, et omnibus inter Cæsarianos et Gallos ad annum 1555, vario eventu (gestis) narratio et dialogus, Jacobo-Basilico Marchetto, despota Sanii, auctore. » Antverpiæ, Plantin, 1555, in-8.° — Cette histoire est aussi imprimée, dans Schardius, au tome II de son *Recueil des historiens d'Allemagne*, page 1803 : *Basileæ*, 1574, in-folio. — Le même, traduit en français sous ce titre : « Récit de la prise de Thérouanne et Hesdin, avec la bataille de Renty, et des exploits militaires faits depuis deux

ans entre les Impériaux et les Français, par Jacques-Basilic MARCHETI, traduit du latin. » *Anvers*, Plantin, 1555, in-8.° — Cet auteur, après avoir mené une vie aussi criminelle que vagabonde, se fit reconnaître pour Vaivode de Valaquie, et fut assassiné par ses sujets le 5 novembre 1563, un peu moins de deux ans après qu'il se fut rendu maître de cette principauté. (*Bibliothèque historique de la France*, tome II, page 228.)

François Hœmus, né à Lille en 1521, a fait entr'autres ouvrages, une élégie sur le renversement de Thérouanne.

(26) *Page* 48. — *Le grand Dieu de Thérouanne* est-il un *Jupiter* adoré par les anciens Morins, ou le symbole du père éternel des chrétiens? Certains antiquaires s'imaginent que c'est une idole du paganisme; M. Vitet est d'avis que ce n'est qu'une statue du douzième siècle. Notre bibliothèque publique possède un manuscrit du huitième siècle, *Capitulare evangeliorum*, n.° 56, qui, parmi diverses figures d'un genre singulier, en offre une presque semblable à ce Dieu de Thérouanne, à l'égard duquel, l'auteur des *Souvenirs du Pas-de-Calais* s'est montré trop sévère : « une figure colossale, connue sous le nom de grand Dieu de Thérouanne et dans un état complet de nudité, allègue-t-il avec quelque inexactitude, est placée près de la porte d'entrée de la cathédrale. C'est une représentation grotesque et dégoûtante de la Divinité, une pierre informe, bigarrée de couleurs grossières, taillée par le plus misérable ciseau dans des temps de barbarie, et que le bon goût, la décence et le respect dû aux choses saintes, devraient exiler à jamais de cet édifice. » — « Le grand Dieu de Thérouanne lui-même, observe avec plus de modération le *Courrier du Pas-de-Calais* (n.° du 14 août 1832), dieu demi-barbare, dieu morin, au regard mâle et pénétrant, nous transporte à Sithieu en présence d'Adroald, nous fait parcourir lentement avec lui les campagnes incultes et respirer l'air sauvage de la vieille Morinie. » M. *Francia* (*Indicateur de Calais*, n.° 129), dans une lettre *flatteuse* pour les Audomarois, s'est écrié avec emphase : « Ils admirent une masse hideuse de granit, que, à l'aide d'une entaille au côté, bien peinte en rouge, ils ont baptisée le *grand Dieu de Thérouanne*, et qui n'est autre chose qu'un Jupiter, dont ils prennent la couronne de chêne pour des

épines. » Dans la réponse spirituelle de M. Jean Derheims aux aimables assertions du peintre calaisien, nous trouvons une opinion toute contraire : « nous pensons que cette grotesque sculpture, placée jadis au-dessus du portail de Thérouanne, ne ressemble pas du tout au maître de la foudre, que les mains jointes des *personnages* placés à ses côtés indiquent assez bien que le paganisme n'y est pour rien.... » — « Saint-Omer s'est fait statue dans son Dieu de Thérouanne » (*Propagateur* du Pas-de-Calais, n.° du 1.er juin 1831), a proclamé avec légèreté et trop de malice, un jeune poète, au reste plein de talent. Nous croyons avoir répondu convenablement à cette gentillesse (Variétés historiques sur Saint-Omer, pages 173 et 252), et nous ajoutons que ce *grand Dieu de Thérouanne*, devenu si célèbre, pourrait également prononcer des sermons non moins instructifs que ceux de son voisin, *le roi David* (Variétés his-historiques, page 139), car, qui a sondé les reins des hommes historiques ?

Nous avons donné dans l'ouvrage précité, page 14, la description du *tombeau de St. Omer*. La renommée de ce tombeau a contribué puissamment à la formation de cette ville. L'anglais *Bonington* l'a lithographié au commencement de la restauration ; la planche XV des *Souvenirs du Pas-de-Calais* l'a reproduit exactement, et il figurera de nouveau avec éclat dans l'atlas de M. Wallet.

Quant aux autres antiquités de Thérouanne, l'avant-dernier curé de cette commune en montrait, dit-on, de très-remarquables. Le *casque* de notre muséum provient de sa collection.

(27) *Page* 58. — L'abbaye de Saint-Jean-au-mont disparut après le sac de 1553. Les religieux se retirèrent à Bailleul. L'abbaye de Saint-Augustin existait encore à l'époque de la révolution, malgré le terrible incendie de mars 1614.

(28) *Page* 58. — On lit cette particularité curieuse dans l'ouvrage de M. *Monteil*, quinzième siècle, tome III, p. 171 : « J'arrivai à Thérouanne un vendredi (juin 1469), les habitans y étaient aussi bien habillés qu'un jour de dimanche. Cette ville attire les riches et pacifiques bourgeois par ses beaux privilèges. Un forain ne peut y porter ses armes ; s'il maltraitait ou seulement s'il menaçait un habitant, ceux qui seraient présens devraient le prendre, et l'amener devant la justice, et

dans le cas où il fit résistance, aussitôt la cloche sonnerait, les portes de la ville se fermeraient, tout le monde serait obligé d'accourir sous peine de payer vingt sols d'amende; les forains le savent, se le tiennent pour dit; jamais à Thérouanne la cloche ne sonne. » *Molinet* nous fournit quelques autres renseignements sur les cloches de Thérouanne.

Lorsque *Salezar* se rendit maître par surprise de la capitale des Morins, en 1486, le roi des Romains s'empressa de visiter cette importante conquête. « Les cloches de la grande église, qui sont fort mélodieuses, donnaient grande esjoïssance... Il fut reçu à Thérouanne à grant léesse, selon la facilité du temps. »

Le magistrat et le clergé de Thérouanne saluèrent, en cette circonstance, *Maximilien*, comme l'envoyé du seigneur.... Les arlequinades politiques ne sont donc point une nouveauté dans notre siècle de progrès; hélas! la vanité ou l'intérêt personnel n'a que trop souvent, à toutes les époques de notre histoire, alternativement proclamé comme des événemens miraculeux, des faits momentanément accomplis.

(29) *Page* 59. — L'assertion suivante est au nombre des *proverbes et dictons populaires du moyen-âge*, par Crapelet: *Li esgaré de Téroanne:* les fous de Thérouanne. « Sans doute que la trace de ce dicton du treizième siècle est tout-à-fait perdue. » Cette question pourrait donc trouver place dans un programme. Dans le seizième siècle, même après 1553, quelques-uns de ces fous vivaient encore, à en juger au moins par cette anecdote consignée dans les archives de Saint-Omer: « Après la destruction de Thérouanne, le magistrat demanda que l'évêché fût transféré à Saint-Omer et non à Ypres, qui faisait la même demande; le magistrat députa à Aire, où était M. de Pictavia, nommé au nouvel évêché, pour l'engager à solliciter l'établissement de son siége à Saint-Omer, et lui fit un présent de poisson d'eau douce de cette ville, afin qu'il vît qu'entr'autres avantages, il serait servi de tels poissons. C'était le 1.er juin 1559. Le prélat prit de bonne part ce poisson, qu'il envoya au chancelier Nigry, à Aire, mais comme la ville d'Ypres voulait avoir aussi un siége épiscopal, il déclara qu'il ne solliciterait pas plus pour une ville que pour l'autre. Les députés allèrent voir le chancelier qui leur assura qu'il y aurait un évêque à Saint-Omer, et *qu'un fol le lui avait dit.* »

NOTICE HISTORIQUE

SUR FAUQUEMBERGUES.

Le laborieux auteur de l'Histoire des Morins, Malbrancq, a indiqué ce lieu dans l'ancienne carte de la Morinie sous ce mot latin : *falconberga*, dérivé de *falco :* faucon, et de *berg :* montagne. Il paraît qu'il était situé dans une contrée sèche et inégale et qu'on y élevait des faucons pour la chasse réservée alors aux chefs militaires.

L'origine attribuée par *Malbrancq* à Fauquembergues, c'est-à-dire au refuge que trouva dans ce canton, agréable par la salubrité de l'air et la bonté des eaux, un prince saxon fugitif, a pu être controversée avec avantage, mais n'a pas été remplacée par une version plus satisfaisante.

Les Morins habitaient ce site lors du passage de Jules-César, et tout fait présumer qu'on n'y vit long-temps qu'un simple village, défendu selon la mode du temps par un château, où s'enfermaient les guerriers du pays.

Le château de Fauquembergues n'est pas sans quelque éclat dans l'histoire. Escarpé à l'occident en forme de promontoire, il avait quatre bastions et une esplanade, deux cavaliers, un fossé et deux demi-lunes. Il fut souvent réparé et entouré de murailles.

On dit que les premiers possesseurs de cette terre, accordèrent des privilèges étendus à ses habitans, ce qui en favorisa la population, et contribua à en faire une place aussi respectable que florissante. *

* Hennebert.

On prétend que *Fumers*, 6.e comte de Saint-Pol, avait eu, vers l'an 600, pour la dot de son épouse, que l'on croit native de Sorrus, près de Montreuil, Renti et *Fauquembergues*.

La tradition donne ensuite la propriété de *Fauquembergues* à *Saladran*, fils du premier grand forestier, à cause de son mariage avec l'héritière de Sithieu.

Il est certain que cette ville, et ses dépendances, se trouvèrent placées sous la puissance immédiate des seigneurs de l'illustre *Maison de Saint-Omer*.

Le premier temple religieux élevé dans Fauquembergues fut dédié à St. Martin, le saint alors le plus révéré de la France. Il fut brûlé par les Normands dans leur invasion de 881.

Ces barbares ayant fait une dernière tentative de pillage en 918, payèrent chèrement leur cruelle témérité.

Arnould, comte de Flandre, et Rodolphe, roi de Bourgogne, s'étant avancés pour arrêter les ravages des Normands, ceux-ci se retranchèrent, en toute hâte, dans les environs de Fauquembergues, sur les bords de l'Aa; leurs positions furent attaquées avec vigueur, la défense fut également opiniâtre. Les Bourguignons décidèrent, en forçant le camp ennemi, le sort de cette bataille, commencée avec un acharnement incroyable, à deux heures après-midi, et terminée seulement dans la nuit. Une partie des sauvages du Nord resta sur la poussière, et on reprit les dépouilles qu'ils avaient arrachées à tant de victimes.

Hugues de Fauquembergues fut un des premiers guerriers de la Morinie qui s'empressa de se ranger sous la bannière de Godefroy de Bouillon.

Il figure au nombre des descendants de *Hoston*, châtelain de Saint-Omer et comte de Fauquembergues, qui vivait vers l'an 1050. Il se trouve un sceau d'un *Hugues de Fauquembergues* dans le grand cartulaire de Saint-Bertin, tome I, page 272, à l'an 1146.

En 1198, Renaud, comte de Boulogne, irrité de la vigoureuse résistance que les Audomarois avaient opposée à Baudouin IX, comte de Flandre, alla inopinément brûler

Fauquembergues qui appartenait à l'un des proches parents du châtelain de Saint-Omer. *

Il est prouvé, d'après d'anciens rapports, que les seigneurs de la *maison de Saint-Omer* possédèrent long-temps le comté de Fauquembergues.

Guillaume IV, châtelain de Saint-Omer, et son épouse, accordèrent, en mai 1222, à la ville et au comté de Fauquembergues, des privilèges qui furent confirmés, en septembre 1248 par leur fille Mahaut d'Aire, et son mari Jean d'Ypres, ainsi que par Philippe-le-Hardi, en 1389.

Les anciens comtes de Fauquembergues avaient leurs pairs dans le château, où ils avaient établi un châtelain qui jouissait de quelques droits de peu d'importance.

Ces privilèges avaient été concédés en forme d'indemnité et de consolation aux habitans ruinés par la cruelle expédition de Renaud de Boulogne ; ils furent alors déchargés de la taille à perpétuité.

Dans la taille de Paris, en 1313, on lit le nom d'un *Baudouin de Fauquembergues*, demeurant rue Mauconseil, imposé à trente sols parisis.

Lorsqu'en 1355 l'impétueux roi Jean, apprenant la retraite d'Edouard III sur Calais, se précipita d'Amiens à sa poursuite, il prenait un moment de repos à Thérouanne, tandis que les Anglais pillaient et dévastaient Fauquembergues. **

Cette ville fut taxée à la somme annuelle de 20 livres dans la cotisation relative à la rançon de ce prince infortuné. A son retour de captivité, en juillet 1360, Jean retourna à sa cour par Boulogne, Saint-Omer, *Fauquembergues*, Hesdin et Compiègne.

En juillet 1370, Robert Knolles sortit de Calais avec une armée considérable, et mit à feu et à sang le comté de Fauquembergues.

Jean de Beaumont avait hérité la châtellenie de Saint-Omer et le comté de Fauquembergues. Il vendit en 1372 ce comté

---

* Variétés historiques sur Saint-Omer.

** Froissart.

à Jeanne de Luxembourg, veuve de Guy de Châtillon, seigneur de Saint-Pol; mais cette terre importante rentra ensuite dans la famille de Beaumont, par arrêt du parlement du 18 janvier 1409. Elle fut cédée en 1503 à *Antoine*, baron de Ligne.

Avant la révolution, le prince de Ligne, le plus riche seigneur de la Belgique, était encore propriétaire de Fauquembergues. *

Au nombre des droits et privilèges existans dans le comté de Fauquembergues à l'époque de son aliénation à Jeanne de Luxembourg, se trouvait le pouvoir de battre monnaie d'argent et de cuivre.

La figure d'une de ces monnaies représente une femme tenant une fleur de lys dans la main, et un pigeon dans la gauche. **

Charles VI, en considération des services que les habitans de Fauquembergues lui avaient rendus et des pertes qu'ils avaient éprouvées, et par rapport aussi à la prompte réédification de leur cité qui avait été brûlée en 1370, confirma, en 1385, les privilèges que les rois, ses prédécesseurs, leur avaient octroyés. ***

Allard Trubert, 61.e abbé de Saint-Bertin, en 1420, était natif de Warnèche, près de Fauquembergues. On remarque dans le grand cartulaire de cette abbaye (tome VIII, p. 72, à l'an 1575), plusieurs sceaux des comtes et baillis de Fauquembergues.

Le 15 mai 1405, les Anglais obtinrent un avantage à Marck, près Calais. Afin d'éviter l'invasion ennemie, les mayeur et échevins de Fauquembergues *intrà-muros* voulurent faire rétablir les fortifications détruites; mais les échevins et habitans *extrà-muros* s'y opposèrent, alléguant qu'il y avait deux forts suffisans et en bon état, savoir: le château et l'église; que d'ailleurs si l'on fortifiait le clos intérieur, ceux du de-

---

* *Archives du Nord.*

** Hennebert.

*** Archives de Saint-Omer.

lors seraient infiniment plus exposés. Les échevins de Saint-Omer furent pris pour arbitres de ce différend, et décidèrent, le 9 juin 1406, que tous seraient tenus de contribuer aux frais des réparations urgentes.

En 1410, un Eustache de Fauquembergues *était doyen* du chapitre de Saint-Omer.

Le comte de Fauquembergues fut tué à la bataille d'Azincourt. Il était à la tête de l'arrière-garde de l'armée française.

En 1437, un sire de Fauquembergues combattait sous les ordres du capitaine anglais *Talbot*, qui fut rejeté dans l'Artois par le connétable de Richemont. C'est le même seigneur sans doute qui guerroyait encore à Pontoise, en 1441, sous la bannière de ce chef étranger,* et qui, en 1449, fut tué en défendant le *Pont-de-l'Arche.*

Lorsqu'en 1475, Edouard IV, roi d'Angleterre, descendit à Calais, et fit une pointe dans la Picardie, « il fit tirer son armée vers Fauquembergues, où il éleva une tente la plus riche de jamais ; puis tira à Ruisseauville, et séjourna deux nuits en la place où le roi Henri, père de son prédécesseur, avait obtenu glorieuse victoire sur les Français... » ** Ce prince ne tarda pas cependant à retourner dans son royaume.

Pendant cette traversée, Edouard IV s'arrêta dans la ville de Saint-Omer, au mois de juillet, *** avec l'impatient duc de Bourgogne, « lequel faisait marcher et démarcher à sa plaisance l'armée des Anglais, par manière de les vouloir conduire. » Le monarque breton était accompagné de ses deux frères, le duc de Clarence, qu'il fit mourir dans un tonneau de vin de Malvoisie, et le duc de Glocester, l'odieux Richard III.

On voit qu'en 1513 le prince de Ligne avait envoyé quelques compagnons pour garder le château de *Faulquenberghe.* ****

Le brave Pontdormy força, en 1525, le fameux retranchement du Neuf-Fossé. Le bailli de Samer, pour l'aider dans

---

* Mazas.

** Molinet.

*** Archives de Saint-Omer.

**** Macquereau.

cette audacieuse entreprise, avait assemblé à Fauquembergues 1000 à 1200 hommes de pied, et c'est dans cette place qu'ils retirèrent le butin immense qu'ils firent alors sur les Flamands.

Dans ce siècle, la forêt de Fauquembergues était importante. Il en est fait mention dans plusieurs auteurs. *

Ce canton souffrit beaucoup, en 1554, par les combats que s'y livrèrent les Français et les Impériaux.

Pendant la guerre des Pays-Bas, le comte de Fauquembergues était capitaine des gardes du prince de Parme.

Un autre seigneur de ce nom se fit remarquer par sa vaillance à la défense de Saint-Omer, assiégée en 1638 par les Français.

Il y avait à Fauquembergues une collégiale dédiée à Notre-Dame, ayant un doyen et dix chanoines. On y voyait aussi un couvent de récollets. Son chapitre, ainsi que l'échévinage, envoyait ses députés aux assemblées des Etats d'Artois. Les armoiries de ce comté étaient d'or, à la face de gueules.

Le bailli de Saint-Omer tenait jadis des assises extraordinaires au château d'Edequines, sur les Bruyères, non loin de la chapelle de Notre-Dame de Lorette, et tous ses feudataires étaient tenus de s'y présenter à chaque réunion septennale ; seul, le comte de Fauquembergues avait le privilège d'y envoyer à sa place un préposé. « Ce dernier n'y paraissait qu'avec les ornemens et les attributs de son seigneur. » **

On dit qu'il existait aussi dans cette ville, au seizième siècle, un couvent d'ursulines, qui fut transféré à Poperingues.

On ignore l'origine de la fondation de son hôpital. Cette *maison de St. Ladre* était administrée par le bailli et quelques notables. Elle était desservie par trois sœurs de la charité. — Elle est remplacée aujourd'hui par une école primaire.

Deux voies romaines traversaient jadis Fauquembergues, l'une allant de Thérouanne à Boulogne, l'autre de Sithieu à la Canche maritime. Maintenant c'est le passage de la grande route de Saint-Omer à Hesdin.

---

* Rochechouart.

** Ancien manuscrit.

L'air qu'on y respire est favorable, et le tempérament de ses habitans est robuste.

Un aigle y a été tué le 25 mars 1832; cette circonstance rappelle la montagne des faucons. *

L'église actuelle est sous l'invocation de St. Léger. On á découvert, à ce qu'il paraît, dans les fondations de l'ancien chœur, les tombeaux de ses premiers bienfaiteurs. On prétend que de vastes souterrains étaient creusés sous ce monument. Il ne reste plus que de très-faibles vestiges du château, brûlé et reconstruit à plusieurs reprises, et dont les *hautes tourelles* avaient été distinguées par les vainqueurs d'Azincourt. En vuidant un ancien puits, on y a trouvé, il y a quelques années, à cent pieds de profondeur, des entrées de souterrains d'une grandeur considérable, taillés dans la pierre blanche, et dans les décombres, quantité de morceaux d'armures, des ossemens humains, des éperons d'une longueur remarquable et différentes pièces de monnaie, dont une de l'an 1350. ** On remarque dans ce bourg beaucoup de caves d'une grandeur considérable, non-seulement sous les maisons, mais sous les manoirs et les pâtures des environs. *** Montez à présent sur ses deux crêtes nues et à pic, et vous pourrez y jouir encore d'un point de vue agréable. La flèche de l'église semble s'abaisser sous les pas du voyageur incertain.

En 1789, Fauquembergues était du bailliage de Saint-Omer, avec droit d'appel au conseil d'Artois, relevant du parlement de Paris, dans l'intendance de Lille, et la recette d'Aire. Ses archives ont été brûlées pendant la révolution.

En 1764, on comptait à Fauquembergues 47 feux et 233 habitans; **** en 1807, 160 maisons et 854 ames; en 1823, 928 individus; sa population actuelle est de 1012 habitans.

Le canton de Fauquembergues comprenait douze communes en 1789, il en contenait le même nombre à l'organisation de 1801.

---

* Mémorial artésien.

** *Idem.*

*** Hennebert.

**** Expilly.

La superficie totale du chef-lieu de ce canton est de 681 hectares. Sa distance est de 25 kilomètres de Saint-Omer.

Son marché hebdomadaire a lieu le jeudi. Il s'y tient deux foires annuelles d'un jour, le 2 mai et le 2 novembre. Des lettres-patentes de 1742 y ont établi en outre un franc-marché le dernier jeudi de chaque mois.

Sa kermesse est fixée au troisième dimanche de septembre.

Si la ville de Fauquembergues n'a point été le théâtre de grands événemens, la naissance seule de *Monsigny* a suffi pour en immortaliser le nom.

MONSIGNY.

La famille de Monsigny est originaire de la Sardaigne, où elle avait joui d'une grande aisance. On ne sait par quels motifs elle était venue se fixer, l'an 1500, dans les Pays-Bas. Le père et la mère du grand musicien que la nation française, juste et reconnaissante, comptera toujours avec orgueil parmi ses compositeurs les plus fameux, étaient nés à Desvres, arrondissement de Boulogne, et s'étaient fixés à Fauquembergues, arrondissement de Saint-Omer. L'amour avait formé leurs premiers liens; *Pierre-Alexandre*, fruit de cette union, naquit le 17 octobre 1729, et le 7 février suivant, sa naissance fut légitimée par les cérémonies du mariage.

Dans sa plus tendre enfance, Pierre-Alexandre eut quelques troupeaux confiés à sa garde; le spectacle de la nature fit comprendre sans doute la séduisante voix de ses religieux cantiques à l'ame attendrie du jeune berger, car il chantait toujours, en disant que c'était son plus grand besoin. Bientôt « il nous apprendra que ce n'est pas toujours des classes « privilégiées par les richesses et la naissance que Dieu fait « sortir les hommes de génie. » *

Charmé de son intelligence précoce, son père l'envoya au collége des jésuites de Saint-Omer. Il venait de lui acheter à la foire de Fauquembergues, un petit violon, qui, comme un talisman, lui avait révélé tout à la fois son talent, sa gloire et sa fortune. « Porté vers l'étude de la musique par

* Jean Derheims, antiquaire de la Morinie.

un attrait invincible, il s'en occupait dans tous les instans qui n'étaient point employés aux travaux de ses classes. » *

Quelque temps après, son père vint lui-même à Saint-Omer occuper un modeste emploi de commis chez Charles-Dominique Butay, alors fermier des droits perçus sur l'eau-de-vie et intéressé dans la pêche d'Islande. **

M.r Butay applaudit aux travaux de son nouvel aide et fut surtout enchanté des heureuses dispositions du jeune Pierre-Alexandre pour un art qu'il affectionnait lui-même particulièrement. Il s'empressa de l'associer généreusement aux leçons de musique données à ses enfans. Ce fut le carillonneur de cette fameuse abbaye de Saint-Bertin, où tant de noms célèbres ont attaché leurs souvenirs, qui fut le premier maître de Monsigny !

Ce fut dans le chœur de la paroisse de Saint-Denis, à Saint-Omer, qui avait retenti des premiers accens du vertueux Suger, que se fit d'abord entendre à un chétif lutrin la voix du sensible auteur de *Félix !*.... « Le chant nous vient des anges, et la source des concerts est dans le ciel. » ***

Il préluda au collége, où il fit d'excellentes études, à ces beaux airs qui ont été accueillis dans toute l'Europe, et les compagnons de ses travaux quittaient avec empressement leurs récréations pour savourer le délicieux plaisir de l'écouter.

Après la mort de son père, il partit pour Paris en 1749, sans nom, sans protection, sans autre fortune qu'une modique somme de six écus qui lui était revenue pour tout héritage, et le petit violon favori du pays natal. Mais il était guidé par une impulsion irrésistible vers une glorieuse carrière, et il n'avait pas vingt ans !

Il ne tarda pas à obtenir dans la capitale un poste dans les bureaux de la comptabilité du clergé, dont le produit l'aida à placer convenablement ses frères et à donner à sa mère et à sa sœur une existence agréable.

---

* Bertrand de Boulogne.

** Alexandre, d'Arras.

*** Châteaubriand.

Les chefs-d'œuvre des Jomelly et des Pérlogèse exaltèrent bientôt son instinct musical, son goût inné pour l'harmonie, et dès-lors « il se sentit destiné à opérer une révolution dans notre musique dramatique. »

L'opéra-comique venait de naître : Monsigny en fut réellement le principal fondateur.

Gianotti, contre-bassiste de l'opéra, cultiva les étonnantes dispositions que l'ardent Artésien avait reçues de la nature et lui enseigna les premières règles de la composition.

Dix ans après son arrivée à Paris, son premier ouvrage auquel il avait travaillé en secret, *les Aveux indiscrets*, fut salué sur le théâtre de la foire Saint-Laurent, le 7 février 1759, par le triomphe le plus flatteur. L'approbation générale décida tout-à-fait sa vocation.

Le Maître en droit fut joué le 13 février 1760, *le Cadi dupé* le 4 février 1761 ; ces deux pièces de *Lemonnier* furent les précurseurs heureux des chefs-d'œuvre qu'allait créer le mélodieux virtuose.

« Trop modeste pour sa gloire, car il ne voulut toujours se ranger que parmi les simples amateurs, il refusa long-temps de livrer au public son nom, qui fut cependant connu ; la grâce de ses compositions et la terminaison italienne du mot *Monsigny* le firent prendre pour un Italien. Il passa long-temps pour tel, et l'on ne parlait que de M. *Moncini* ; c'est ainsi que l'on défigurait son nom dans les journaux. » *

Sédaine s'associa ensuite aux succès du nouvel Orphée, dont il était digne par son mérite. Cet excellent auteur dramatique s'était écrié, après un duo du *Cadi dupé* : « voilà mon homme ! » — « Dès le lendemain il s'empressa de faire connaissance avec Monsigny. Leur amitié l'un pour l'autre devint fort vive dès le premier instant, et l'alliance de leurs talens produisit plusieurs ouvrages qui sont encore présens à la mémoire de tous les amateurs. » **

---

* Biographie des contemporains.

** Biographie universelle.

Voici l'ordre des opéras de Monsigny avec la date de leurs représentations :

On ne s'avise jamais de tout, 14 septembre 1761, de Sédaine.
Le Roi et le Fermier, 22 novembre 1762, de Sédaine.
Rose et Colas, 8 mars 1764, de Sédaine.
Aline, reine de Golconde, mai 1766, de Sédaine.
L'Isle sonnante, 4 janvier 1768, de Collé.
Le Déserteur, 6 mars 1769, de Sédaine.
Le Faucon, 19 mars 1772, de Sédaine.
La belle Arsène, 14 août 1775, de Favart.
Félix, 24 novembre 1777, de Sédaine.

Indépendamment d'*Aline*, il avait encore composé deux autres grands opéras qui ne furent point représentés : *Pagamin de Monègue* et *Philémon et Baucis*, paroles de Sédaine. Il craignait la concurrence avec Gluck et Piccini. — Il avait encore fait, en 1774, avec *Anseaume*, *le Rendez-vous bien employé*. *Félix* est le chef-d'œuvre et le dernier ouvrage de Monsigny : à quarante-huit ans il cessa de produire.

En 1768, Monsigny avait quitté sa place dans l'administration financière du clergé de France, pour remplir celle de maitre-d'hôtel du duc d'Orléans (Louis-Philippe, ayeul du roi des Français), prince qui aimait les arts, et qui facilita à son protégé le loisir et les moyens de s'y adonner avec sécurité.

Il fut nommé ensuite administrateur des domaines et inspecteur-général des canaux d'Orléans, et commissaire dans la liquidation des dettes de cette maison.

Monsigny, qui avait gagné la confiance du prince, rendit d'importans services, en obtenant beaucoup de grâces pour les autres et n'en demandant jamais pour lui. *

La révolution lui enleva tous ces avantages et la presque totalité de ses économies. Pendant les années orageuses de nos discordes politiques, il vécut pauvre et oublié.

L'extérieur de Monsigny était agréable, ses manières douces et prévenantes. Il s'était marié en 1784 avec une femme

* Hédouin.

qui le rendit constamment heureux. « Il n'était pas moins recommandable par ses mœurs, son esprit et ses qualités sociales que par la supériorité de son talent. » * — « Il ne démentit jamais la noblesse de son caractère : sûr d'avoir assez travaillé pour sa gloire, il refusa constamment de transiger avec ses sentimens et d'immoler ses principes à sa fortune. » **

En 1798, les artistes du théâtre Favart, reconnaissans des immenses services qu'il leur avait si généreusement rendus, acquittèrent l'ancienne dette de la comédie italienne en lui faisant une pension de 2,400 francs. En 1800, il remplit la place supplémentaire d'inspecteur de l'enseignement au conservatoire de musique, vacante par la mort de Piccini, et maintenue en sa faveur par le ministre de l'intérieur. Il s'en démit au bout de deux ans.

La société des *Enfans d'Apollon* le reçut au nombre de ses membres le 23 mai 1811. Le chancelier, M. Bouilly, le surnomma dans cette solennité le *Lafontaine de la musique*, et le vénérable vieillard éprouva la touchante satisfaction de voir tout ce qui l'entourait applaudir avec ivresse le beau trio de *Félix*.

« Devancier de Grétry, il lui succéda à l'Institut en 1813. « Ce n'est pas une des moindres bizarreries de la révolution que l'on ait pu, sans révolter tous les esprits, établir dans une classe académique de beaux-arts une section de musique dont l'auteur de *Félix* et de la *belle Arsène* ne faisait point partie. Il était âgé de 84 ans lorsqu'on songea à réparer cette injustice. »

Louis XVIII le créa, en 1815, membre de la légion d'honneur, et l'année suivante le comprit dans la réorganisation de l'Institut et le décora du cordon de l'ordre de Saint-Michel. « Honorables mais trop tardives récompenses ! » ont répété ses biographes.

On s'est demandé pourquoi depuis l'admirable partition de

* Sevelingues.

** *Journal des Débats* du 24 janvier 1817.

Félix, la plume de Monsigny était restée oisive ; pourquoi ce grand compositeur s'était arrêté dans la force de son âge et de son talent? Quelques mécontentements contre les comédiens ont-ils causé sa retraite prématurée? Le sentiment vif et noble qui lui avait donné ses succès en a-t-il abrégé le cours? « Sa sensibilité avait été trop vivement excitée ; son amour pour son art avait été jusqu'à l'enthousiasme ; ses facultés s'éteignirent de bonne heure. » Son cœur était impressionnable au suprême degré ; déjà plus qu'octogénaire, il pleurait à chaudes larmes en expliquant un jour la manière dont il avait voulu rendre la situation de *Louise*, dans le *Déserteur*, quand elle revient graduellement de son évanouissement. * « Qui l'aurait vu dans le moment du travail, se serait écrié, en employant l'expression des Grecs : *le dieu est en lui!* » Un excès de modestie et de désintéressement contribua-t-il à borner la carrière lyrique de cet auteur, dont le génie se développait par des progrès continuels? Enfin sa charge de maître-d'hôtel chez le duc d'Orléans, en lui procurant une indépendance désirée, favorisa-t-elle la disposition où il était de ne plus rien faire? On a dit encore qu'admis dans les cercles brillants de la duchesse d'Orléans, des dames de la plus haute distinction exigeaient qu'il mît en musique les productions bonnes ou mauvaises des beaux-esprits qu'elles protégeaient ; que fatigué de cette obsession, il déclara un jour qu'il ne ferait plus de musique et qu'il tint parole. ** Il avait perdu la vue dans son extrême vieillesse, et était devenu, a-t-on allégué, tellement indifférent à la musique qu'on le vit bailler à quelques airs de *Félix*. En ce cas, il ne serait que trop vrai que « disparaître à propos de la vie est une condition de la gloire. »

Monsigny fut importuné par les sollicitations réitérées d'une foule d'individus de son pays, qui se prétendaient ses parens et qu'il ne connaissait aucunement : « il y a 55 ans que je jouis à Paris de la plus grande considération, j'ai perdu ma

* Dictionnaire des Musiciens.

** *Mémorial artésien*, n.° 29.

fortune, mais ma considération me reste, je veux la conserver pour mes enfans.... Il y a plus de 50 ans que j'ai rompu toute correspondance avec votre province..... » — « Je n'ai fait que des ingrats de ceux que j'ai obligés, et souvent des insolens de ceux auxquels je n'ai pu être utile. J'ai perdu les yeux.... Peu d'hommes ont rempli les devoirs de famille comme je l'ai fait envers mes frères et sœurs.... Je suis humilié d'avoir été sans cesse me salir dans la poussière des bureaux de l'administration des droits-réunis pour y sollicites la place la plus subalterne et d'avoir eu jusqu'à présent la mortification de n'avoir pu l'obtenir.... Laissez-moi mourir en paix, je ne sors presque plus.... Il est un terme à tout, même à l'obligeance et à la bienfaisance! » * Ces tracasseries intérieures, qui ont troublé la vie de Monsigny, auraient-elles influé sur sa résolution de renoncer à son art et à la renommée?

Retiré depuis long-temps dans une petite maison du faubourg Saint-Martin, Monsigny y mourut paisiblement le 14 janvier 1817, âgé de 88 ans moins 3 mois environ, doyen des musiciens, « étranger à toutes les coteries, dédaignant les prôneurs, resserré dans le cercle de ses habitudes domestiques. »

Ses funérailles furent célébrées le 16 dans l'église de Saint-Laurent, sa paroisse. « Elles ont été remarquables par un concours nombreux d'artistes, qui se sont fait, avec raison, un devoir de rendre ce dernier hommage à celui qu'ils n'ont cessé de regarder comme leur maître. Une députation de l'Institut y a assisté. C'est M. Quatremère de Quincy qui a prononcé un discours sur la tombe du défunt. » **

M. Quatremère de Quincy a lu ensuite un *éloge de Monsigny* dans la séance publique de l'académie des beaux-arts, le 3 octobre 1818.

Le 23 août 1819, l'académie d'Arras a décerné une médaille

---

* Lettres de Monsigny des 28 avril 1804 et 10 février 1807, déposées à la bibliothèque publique de Saint-Omer.

** *Moniteur* du 18 janvier 1817.

d'or de la valeur de 200 francs à M. Alexandre d'Arras, l'un des trois concurrents pour l'éloge historique de Monsigny.

« M. Hédouin a dédié au même musicien, en octobre 1821, une *notice historique* beaucoup mieux écrite et beaucoup plus complète. » * La société académique des Enfans d'Apollon à qui cette notice fut adressée en récompensa l'année suivante l'auteur par le don d'une belle médaille. M. de la Chabeaussière a composé quelques vers heureux sous le titre d'*hommage à Monsigny*.

Son apothéose eut lieu à l'Opéra-comique à Paris et à Bruxelles.

« Il chante d'instinct..... » ** — « Fidèle interprète des accents de la nature, il aimait à la surprendre pour ainsi dire sur le fait, et prenant son violon, il jouait aussitôt d'inspiration les airs qui ont encore tant de charmes pour les cœurs sensibles. »

Les partitions de Monsigny sont disséminées dans tous les théâtres de l'Europe. « Le naturel heureux et original de ce célèbre musicien est encore aujourd'hui très-goûté dans toute l'Italie, où ses pièces sont souvent représentées. » *** — « Le laurier de Monsigny ne se flétrira point. »

Un jour le public, ramené au goût du vrai, du beau, du simple, à celui de l'imitation de la nature, type et modèle unique de tous les beaux-arts, « réservera son enthousiasme pour ces chants divins dont la gloire ne se borne pas à des impressions rapides et fugitives sur un seul de nos sens, mais qui pénétrant jusqu'à l'ame, y excitent des émotions profondes que la main du temps ne peut effacer, que l'on retient, que l'on répète encore après des siècles, et qui, conservés par le sentiment et par une mémoire fidèle, se transmettent de la capitale jusqu'aux hameaux, et après avoir fait nos délices dans nos brillantes soirées, vont encore charmer les veillées des habitans de la campagne. » ****

---

* Arnault.

** Grétry.

*** Laharpe.

**** *Journal des Débats*, n.° précité.

« L'intérêt le plus vif se rattache toujours à un grand homme et l'éclat que sa renommée fait jaillir sur sa patrie exerce une si noble influence, que pendant des siècles, on a vu des villes rivaliser de zèle et de travaux pour acquérir le droit de se dire le berceau du génie. » * Long-temps l'on a douté si Monsigny était de Saint-Omer ou de Fauquembergues. Plusieurs bourgeois de ce nom existaient dans les deux cités. *Hennebert*, l'un des historiens de la province d'Artois, disait en 1788 : ** « Monsigny, natif de Saint-Omer. Peut-être vit-il encore.... » Le journaliste qui rendit compte de la représentation en l'honneur de Monsigny, allégua qu'il était né à Saint-Omer......

Le maire de Saint-Omer écrivait à M.me veuve Monsigny, le 25 mars 1817 : « .... La ville de Saint-Omer, sa patrie et son berceau, ne peut rester indifférente sur une si grande perte pour les arts. Elle se fait un devoir de jeter des fleurs sur la tombe du célèbre Monsigny..... Jalouse de perpétuer le souvenir d'un de ses enfans,...... elle sollicite la faveur d'obtenir une copie de son portrait et son acte de naissance, désirant placer dans son sein l'image fidèle de celui qui l'honore. Ce monument, élevé par la reconnaissance, sera en même-temps un germe précieux pour l'encouragement de la jeunesse. »

La feuille de Saint-Omer, seul journal alors de cette cité, s'exprimait ainsi : « La ville de Saint-Omer, illustrée par les talens et les vertus de Monsigny, s'empressera sans doute de

---

* France Littéraire. M. *Hédouin* vient d'établir, avec un rare talent, et par des preuves irrécusables que *Godefroid de Bouillon* est né à Boulogne. Nous espérons pouvoir démontrer d'une manière satisfaisante que *Suger* a vu le jour à Saint-Omer. Nous l'avons déjà fait pour *Malbrancq*, mais nous n'avons point cette prétention à l'égard d'*Homère*. Cependant, nous citerons cette note curieuse de l'*agriculture pratique de la Flandre*, par M. Van Aelbroeck : *Sancti populus venerator Homeri* ; c'est ainsi que les habitants de Saint-Omer sont désignés dans la *Philippide* de Guillaume-le-Breton (Dom Brial, tome XVII, page 136). Un auteur belge a conclu de ce passage que le chantre d'Achille était Audomarois.

** Tome II, page 175.

rendre honneur à sa mémoire, soit en plaçant un marbre pour indiquer la maison où il est né, soit en exposant son portrait dans la bibliothèque publique, soit en faisant recueillir et publier tout ce qui concerne la vie et les ouvrages de cet homme justement célèbre. »

« La société philarmonique de Saint-Omer, dont le salon est décoré à juste titre du portrait de Monsigny, rend un digne hommage à notre illustre compatriote, par ses talens et par sa bienfaisance. » * La première distribution des prix de l'école de musique, dans ce salon qui porte son nom, le 16 octobre 1830, a offert un convenable encens à l'auteur de *Félix* et du *Déserteur*.

Nous avons compulsé les registres aux actes de naissance de la ville de Fauquembergues et notre incertitude a immédiatement cessé : Monsigny y est né le 17 octobre 1729. **

Il y a une *rue Monsigny* à Paris et à Boulogne, pourquoi n'en voit-on pas à Saint-Omer?

Lorsqu'étourdi du fracas continuel de l'enceinte agitée de la capitale, le voyageur désire retrouver quelque calme indispensable, il quitte un monde vain et trompeur, il dirige sa course mélancolique vers ce mémorable champ du repos qui possède les cendres de tant de fameux personnages et bientôt son attention se fixe particulièrement sur les inscrip-

---

* Variétés historiques sur Saint-Omer, pages 215 et 217. — *Courrier du Pas-de-Calais*, n.os 10 et 266. Le buste de Monsigny sera sans doute l'un des principaux ornemens de la nouvelle salle des concerts.

** Extraits des registres des baptêmes, sépultures et mariages de l'église de Fauquembergues :

« Lundi 17 octobre 1729, Pierre-Alexandre, fils illégitime de Nicolas Monsigny et de Marie-Antoinette Dufresne, a été baptisé par moi soussigné, *étant né le même jour*....... »

« Mardi 7 février 1730, après les fiançailles et les publications de bans dans cette église, ai solennellement conjoint en mariage Nicolas Monsigny et Marie-Antoinette Dufresne, et à iceux donné la bénédiction nuptiale, et encore à Pierre-Alexandre Monsigny, leur fils, qu'ils ont appelé à cette cérémonie pour la légitimation....... »

Signé, HOBRON, doyen de Fauquembergues.

tions plus ou moins fastueuses qui embellissent les monumens funéraires. Je m'y trouvais le 17 octobre 1831, et après avoir posé des fleurs sur le cippe de marbre noir, consacré à la mémoire de l'abbé Grosier, de Saint-Omer, conservateur à la bibliothèque de l'Arsenal, je voulus encore, comme Artésien, apporter le même tribut à Monsigny, le jour anniversaire de sa naissance. C'est avec une peine infinie que je parvins à découvrir son humble tombe, dans la 46.e division, toute couverte de feuilles jaunes, entre quatre tuyas, à vingt pas de la route, à gauche en montant l'avenue au-dessus de la chapelle. La pierre tumulaire porte cette inscription :

SPES † MEA.

—

CI-GIT
PIERRE-ALEXANDRE
DE MONSIGNY,
CHEVALIER DE L'ORDRE ROYAL
DE LA LÉGION-D'HONNEUR,
MEMBRE DE L'INSTITUT ROYAL
DE FRANCE,
MORT A PARIS
LE 14 JANVIER 1817,
AGÉ DE 87 ANS ET TROIS MOIS.
DE PROFUNDIS.

« Là, dort abandonné l'auteur de la musique du *Déserteur* et de *Félix*, et ses travaux charment encore, presque tous les soirs, les oreilles difficiles des *dilettanti* de la capitale, qui lors de leurs visites au père Lachaise, n'honorent seulement pas sa tombe modeste d'un doux regard qui soit dicté par la reconnaissance. » *

---

* Conducteur aux cimetières de Paris.

NOTICE HISTORIQUE SUR RENTI.

Renti est un des lieux les plus célèbres de l'ancienne histoire d'Artois ; des faits d'armes éclatans ont pris date dans ses curieuses annales, et d'éminens personnages y ont gravé la renommée de leurs exploits. Toutefois la réputation de cette petite ville a été en raison de ses nombreux désastres : les relations de ses malheurs feront vivre son nom, comme les persécutions rehaussent un homme illustre ; les ruines, un monument fameux.

Renti figure dans la carte de la Morinie ; c'était, dit-on, un bourg sous les Romains ; on parle de comtes de Renti dans le sixième siècle, mais où trouver leurs titres d'érection ? Dans le siècle suivant, un comte de Saint-Pol eut en dot la terre de Renti dont le nom fut porté par Robert, son fils. Ce n'est au reste qu'à partir de l'affermissement du christianisme dans ce territoire que commence l'histoire de Renti.

Omer, après avoir fait reconnaître à Thérouanne les insignes de sa dignité ecclésiastique, avait poursuivi immédiatement le cours de ses succès évangéliques, en visitant les lieux soumis à son autorité spirituelle, où sa présence était nécessaire, soit pour enseigner la doctrine chrétienne, soit pour corriger les abus existans et consolider le règne de la piété dans le cœur des nouveaux convertis. Il était mandé au reste de toutes parts dans la contrée comme un excellent interprète des choses divines.

A son retour de Boulogne, ce digne prélat fut reçu avec distinction par le comte Wambert, propriétaire de Fauquembergues, de Renti et de Wandome.

Ce seigneur avait fait construire, à Fauquembergues, une église à l'honneur de St. Martin; à Renti, un temple à la mémoire de St. Denis; et à Wandome, une chapelle sous le vocable de St. Pierre.

L'évêque de Thérouanne entretint Wambert dans ses dispositions généreuses, et en obtint, l'an 664, l'érection à Renti d'un autre édifice religieux, qui fut consacré à St. Vaast.

Nos annalistes rapportent que Renti était une antique forteresse, où Wambert, seigneur de ce lieu, bâtit un monastère vers la fin du septième siècle, et le donna à Bertulphe, économe de sa maison.

Ce Bertulphe était un allemand d'une famille noble et riche. La ferveur de la foi l'avait attiré, ainsi qu'Omer, dans le nord de la France. Il avait séjourné quelque temps dans la capitale de la Morinie, et n'avait pas tardé à y jouir de la haute réputation due à ses vertus. Bientôt après, le comte de Renti l'avait adopté pour son fils, et le bienfaisant étranger avait disposé de ses richesses pour le soulagement des indigens et l'agrandissement de l'église de Saint-Denis, où il inhuma solennellement Wambert et son épouse, décédés à Fauquembergues, et auprès de laquelle il éleva quelques cellules dont il fut le premier directeur.

Des circonstances merveilleuses avaient entouré de leurs prestiges l'existence de Bertulphe; il fut honoré comme un saint après sa mort, et son tombeau fut aussi favorisé du don des miracles. Son décès eut lieu le 5 février 705; pour célébrer convenablement sa mémoire, la coutume dura long-temps de distribuer à cet anniversaire mille pains aux pauvres dans la paroisse de Saint-Vaast; nous connaissons peu de panégyriques aussi touchants. Car, « les canonisations faites par le peuple ont leur prix. » *

L'Aa, qui ne prend son nom qu'au-dessous de Renti, coulait auprès du petit monastère de Bertulphe, qui fut renversé en 881 par les Normands, ainsi que tous les autres monumens de l'endroit.

---

* Arnault.

Les bourgeois avaient eu la sage précaution de dérober à leur avidité, les reliques précieuses du fils adoptif du comte Wambert, mais ils ne purent, hélas! s'opposer à la dernière invasion de ces barbares, qui, en 918, après s'être emparés de Montreuil, pénétrèrent dans la grande voie romaine et ravagèrent le pays jusqu'à Renti, où ils brûlèrent le monastère de Saint-Denis, récemment restauré. Un châtiment tardif les atteignit, comme on l'a vu, quelques jours après dans les champs de Fauquembergues.

Délivrée à jamais des excursions des pirates du Nord, la vallée de l'Aa vit insensiblement la fertilité renaître sur ses côteaux, et sa population s'accroître avec la paix. Renti répara ses revers avec le temps, et un destin plus propice sembla lui sourire jusqu'aux grands démêlés de nos rois avec les Flamands et les Anglais, autre cause terrible des calamités qui affligèrent si long-temps cette contrée.

Lors de la revendication du comté d'Artois par Robert, petit-fils de Robert II, cette province avait momentanément été mise sous le séquestre par Philippe V, en attendant la décision de cette grave affaire. Les Audomarois furent alors outragés par les habitans de Renti et de Seninghem, qui probablement tenaient le parti du neveu de *Mahaut;* ils punirent impunément cet affront d'une manière bien rigoureuse, car un arrêt du parlement de Paris, de février 1323, déchargea les habitans de Saint-Omer des dégats et de l'incendie qu'ils avaient commis aux châteaux de Renti et de Seninghem, tant par ordre du maréchal de France qu'en vertu de leurs anciens privilèges, par lesquels il leur était permis de venger ainsi à force ouverte les insultes qui leur étaient faites. *

Pendant les troubles du règne de Charles VI, les enfants de la duchesse de Bourbon furent momentanément détenus au château de Renti, qui appartenait alors au duc de Bourgogne. *Duclercq*, pour prouver jusqu'à quel point les gentilshommes de ce siècle poussaient l'audace et quelquefois la barbarie,

* Archives de Saint-Omer.

raconte le traitement effroyable que fit souffrir l'exécuteur de la justice féodale du comte de Saint-Pol, aux environs de la ville de Renti, à un *compagnon* fiancé à une jeune fille, qui avait excité la convoitise de son lâche assassin.

Lors de la descente de Henri VII, en 1492, quelques aventuriers anglais se précipitèrent dans le canton de Fauquembergues, et se rendirent maîtres du château de Renti, qu'ils ne purent garder que quelques jours. *

Une guerre terrible avait éclaté dans l'Artois entre Charles-Quint et François Ier. Le duc de Vendôme s'étant emparé de la ville d'Hesdin, en 1521, « tous les petits chasteaux des environs, comme Renti, Bailleuil-le-mont, et autres petites places, se meirent en l'obéissance du roi. » **

Les Français renversèrent alors le fort de Renti; les Espagnols y rentrèrent l'année suivante. ***

« Les combats d'Enguinegatte et de Renti sont décrits dans toutes les histoires. » ****

Le château de Renti, à cette époque très-fortifié et dans une situation avantageuse, dans des marécages, à trois lieues environ de Thérouanne, passait, aux yeux des deux partis, pour une place importante.

Le *Deleti Morini* avait déjà retenti dans toute la France épouvantée, et les ruines d'Hesdin attestaient encore la vengeance délirante du vieil empereur, lorsque le fils de son rival éclipsé, ayant réuni toutes ses forces, prit la résolution d'attaquer le château de Renti qui inquiétait la frontière du Boulonnais.

Le duc de Vendôme fut chargé de faire les premières sommations. Son intention était, en outre, de raser le château de Fauquembergues. Il campa à Fruges le 8 août 1554; Henri II s'empressa de l'y rejoindre. La cavalerie légère avait pris position à Fauquembergues. Aussitôt le siége fut poussé

---

* Molinet.

** Martin du Bellay.

*** Locre.

**** Allent.

avec vigueur, à l'aide d'une formidable artillerie. Charles-Quint était de sa personne, dès le 9, à Merck-Saint-Liévin et se disposait à occuper le *bois Guillausse*, pour entraver plus facilement les assauts. Les assiégés, commandés par Denis de Brias, résistèrent avec un courage admirable. Ils avaient entendu la voix du destructeur de Thérouanne qui leur annonçait un puissant secours.

Une bataille était inévitable entre deux armées nombreuses, enflammées par une haine nationale et de trop longs ressentimens.

On voyait briller au premier rang des Français les ducs de Guise, d'Aumale, l'amiral de Coligny et Gaspard de Tavannes.

Le futur conquérant de Calais signala à cette journée sa brillante valeur. Le bouillant successeur de François I.er chercha vainement, pendant la chaleur du combat, à combattre corps à corps le monarque espagnol, qui sembla éviter une lutte inégale. Le cardinal de Granvelle, évêque d'Arras, avait voulu être témoin de l'action, mais ne pouvant maîtriser sa frayeur, il s'était caché dans le bois, à travers les ronces et les épines, et Charles-Quint, malgré sa défaite, car ses troupes avaient cédé à l'impétuosité française, ne put s'empêcher de rire, lorsqu'il le vit revenir le visage et les mains tout ensanglantés. *

La perte de l'ennemi fut d'environ dix-huit cents hommes. On lui prit toute son artillerie, dix-sept drapeaux et plusieurs étendards. Le duc de Savoie se sauva dans la forteresse, dont les dégats furent presqu'immédiatement réparés.

Henri II ne recueillit aucun résultat satisfaisant de sa victoire, et le manque de vivres le contraignit d'opérer sa retraite dans la matinée du mercredi 15 août. Charles-Quint entra ensuite dans le château pour y décerner des récompenses aux braves qui l'avaient défendu avec tant de succès. ** Toutefois il quitta avec confusion ce lieu situé entre

---

* Devienne.

** Ancien manuscrit.

les vestiges de la capitale de la Morinie et les débris fumans d'Hesdin, parce qu'il ne comprit que trop que malgré ces barbares trophées, la fortune l'avait abandonné, et que les jours d'expiation n'étaient pas éloignés.

Cependant la bataille de Renti eut des suites funestes pour la France. Toute l'armée en avait attribué l'honneur au duc de Guise. Coligny et Tavannes avaient néanmoins également contribué au succès de nos armes. Henri II même s'était prononcé pour ce dernier.

François de Guise, en voulant reconnaître la ville, avait eu son habit percé d'un coup de mousquet. Uni d'une étroite amitié avec l'amiral, il ne put supporter que son frère d'armes revendiquât une part de la gloire triomphale, et conçut depuis ce fatal instant, contre ce héros, une haine implacable. Le *Balafré*, présent à cette action, marcha plus tard brutalement sur le visage de Coligny massacré, coup de pied que lui rendit, seize années après, avec la même cruauté, l'*Elagabale chrétien*. *

Un seigneur de la Motte-Fénélon, grand-oncle de l'auteur de *Télémaque*, prit part à la victoire de Renti. **

Ni l'une ni l'autre armée ne se considéra comme vaincue : les Français avaient gagné le champ de bataille, mais les Espagnols avaient ravitaillé la place assiégée.

Charles-Quint n'osa courir les chances d'un second combat que lui avait présenté Henri II, et il adressa, dans la même année, cette loyale réponse à un courtisan qui, faisait peindre une galerie dans son hôtel, où, dans la représentation de la journée de Renti, les Français à leur départ paraissaient se retirer en désordre : « il faut que votre peintre corrige son ouvrage, car ce ne fut point une fuite, mais une retraite qui se fit avec gloire et en très-bel ordre. »

En 1598, un maître des comptes de Lille consulta le magistrat de Saint-Omer pour savoir s'il convenait de démolir ou de réparer le château de Renti ; on lui répondit qu'il

* Etudes historiques.

** Mémoires de Petitot, première partie, tome XXXII.

était très-utile de rétablir cette forteresse et d'y mettre un gouverneur avec une garnison convenable. *

La guerre recommença avec acharnement entre la France et l'Espagne, vers la fin du règne de Louis XIII.

En septembre 1626, on pendit à Saint-Omer, un nommé *Jacques Gourney*, de Hucqueliers, qui se qualifiait de grand espion du roi de France, et qui, à la sollicitation des gouverneurs d'Ardres, de Calais et de Montreuil, avait tenté de livrer par trahison le château de Renti. Il était venu se concerter à Saint-Omer avec ses affidés, et au moment de la découverte du complot, il avait pris son logement à la *Double-Croix noire*.

Le maréchal de Châtillon avait été contraint de lever le siége de Saint-Omer le 15 juillet 1638; le mois précédent, quelques compagnies de Croates, du château de Renti, voltigeant continuellement autour du camp ennemi, avaient attiré huit gentilshommes dans une embuscade, et intercepté divers convois; les Français, dans leur retraite, se rappelèrent le dommage que cette garnison leur avait occasionné et résolurent de l'en faire repentir. Un détachement considérable fut dirigé sur Renti, qui fut investi le 1.er août. Les maréchaux de Châtillon et d'Aumont, le marquis de Puységur, le comté de Lannesan, Henri de Beaumanoir, se distinguèrent à cette attaque. Dix-huit pièces de canon et plusieurs mortiers foudroyaient les murs depuis quatre jours; lorsque le gouverneur, M. de Calonne, ne voulant point exposer ses braves aux conséquences d'un assaut inévitable, consentit à la reddition de la place. La capitulation fut signée le 9, et le lendemain la garnison, composée encore de 600 hommes, sortit avec ses bagages et fut conduite jusqu'à une lieue d'Aire. Les vainqueurs trouvèrent du blé pour deux ans, et cinquante cloches appartenantes la plupart aux communes voisines, qui avaient cru les retirer en lieu de sûreté, entr'autres trois à *Merck-Saint Liévin*, estimées dix-huit mille florins. M. *de Villequier*, qui avait été blessé d'un éclat de pierre par le

* Archives de Saint-Omer.

jeu d'une mine, y resta avec ses Boulonnais pour opérer la démolition de ce vieux château.

La petite place de Renti fut rasée de fond en comble, par ordre de la cour, le 10 août 1638, * et ne fut jamais relevée. Son emplacement est encore aujourd'hui marqué par un énorme fragment et quelques autres vestiges de ses solides fortifications. On y a, dit-on, découvert plusieurs vieux canons.

On détruisit à la révolution un couvent de récollets situé entre Renti et Fauquembergues : c'était le monastère changé en prieuré.

Renti est la première terre de la province d'Artois qui ait été érigée en marquisat par Charles-Quint, en avril 1532, en faveur de Guillaume, sire de Croï, prince de Chimay. Cette branche tomba ensuite en quenouille et se fondit en plusieurs grandes maisons du pays, telles que celles de *Croï*, *Egmont*, *Lalaing* et autres. **

La maison de Renti est renommée par les officiers de distinction qu'elle fournit dans les armées et par les gouverneurs-généraux de provinces.

Le nom d'*Oudart de Renti* a eu du retentissement dans nos guerres avec les Flamands et les Anglais. Ce seigneur turbulent, « homme d'un courage féroce, » s'était rangé sous la bannière de Robert d'Artois, mais la fortune ne seconda point ses entreprises criminelles. Philippe de Valois lui pardonna toutefois sa trahison. Froissart nous apprend qu'ayant cru s'emparer de Calais, en 1349, par corruption, il fut la dupe du gouverneur *Aimery de Pavie*. *** Oudart de Renti fut gouverneur de Tournay en 1364.

On remarque encore un *Oudart de Renti* parmi les principaux guerriers qui entouraient le connétable Duguesclin, lorsqu'à la fin de 1370, ce grand homme avait conçu le hardi projet d'expulser les Anglais du royaume.

Dignes aussi de leurs nobles ayeux, Oudart de Renti et

---

* Montglat.

** Notice de l'Etat d'Artois.

*** Variétés historiques sur Saint-Omer, page 81.

ses deux frères, dont l'un, appelé *Jean*, fut inhumé à Saint-Bertin, succombèrent dans les champs d'Azincourt, en soutenant vaillamment la cause de la France.

Un *bâtard de Renti* se trouve en outre mêlé aux entreprises de Philippe-le-Bon, duc de Bourgogne. C'était un des compagnons du fameux Jacques de Lalaing. Charles-le-Téméraire excepta le seigneur de Renti, conseiller intime de son père, de la trève conclue en 1475 avec Louis XI.

Parmi les chevaliers qui signalèrent leur adresse au camp du Drap d'or, on cite un membre de la maison de Renti, qui joûta au tournois du 11 juin 1520. Ce nom se rencontre encore dans le livre de tournois de Louis de la Gruthuse.

On peut voir les sceaux d'Alard de Renti, en 1225, d'Oudart de Renti, en 1367, de Jean de Renti, en 1401 et 1415, dans le grand cartulaire de Saint-Bertin. Ces sceaux portent diverses armoiries. Malbrancq parle de celles qui faisaient allusion aux miracles de Bertulphe.

Jean-Baptiste Gaston, baron de Renti, est le principal fondateur de la communauté des frères-cordonniers, institués en 1645.

En 1659, la terre de Renti, une des plus nobles de la province, était possédée par la bisayeule du comte d'Egmont Pignatelli.

A la paix des Pyrénées, Renti qui n'était plus alors qu'un village, fut compris dans l'Artois réservé. M. de Ghislettes y commandait au nom du roi d'Espagne.

Cette commune revint définitivement à la France après le traité de Nimègue, en 1678. Renti et Fauquembergues se trouvèrent ensuite soumis à la juridiction du diocèse de Boulogne, tandis que le district de Thérouanne * fut alors placé dans le ressort de l'évêché de Saint-Omer.

Au commencement de la révolution, Renti était du conseil provincial d'Artois, parlement de Paris, intendance de Lille, bailliage et recette de Saint-Omer. Il possédait un échevinage.

---

* Le mot *diocèse* a été employé par erreur à l'avant-dernier paragraphe de la page 46.

En 1770, la population de Renti, où l'on comptait 74 feux, était de 293 personnes. En 1807, on y fit l'énumération de 133 maisons et de 652 âmes. *Assonval* ayant été réuni à cette commune le 3 avril 1822, la statistique de cette année donna 662 individus. Sa population actuelle est de 878 habitans.

La superficie totale de Renti est de 1146 hectares.

Sa kermesse est fixée au troisième dimanche d'octobre.

Renti, d'origine romaine, habité d'abord par les Morins, converti au christianisme dans le septième siècle, ravagé plusieurs fois par les Normands, incendié par les Audomarois dans une querelle particulière, momentanément au pouvoir de quelques pillards d'Albion, renversé par le duc de Vendôme, repris par les Espagnols et défendu avec succès par Charles-Quint, après avoir vu un de ses enfans, Adrien de Croï, seigneur de Renti et comte de Rœux, * commander l'expédition qui entraîna la perte de Thérouanne, éprouva le même sort de la part des Français, il y aura bientôt deux siècles. La bataille du 13 août 1554 a fait vivre à jamais son château dans les annales de notre belle monarchie, qu'une publication plus exacte apprend généralement enfin à connaître sous ses véritables couleurs; nos villes commencent en effet à sortir du sol où elles étaient enfoncées depuis trop long-temps, et si cette propension utile et généreuse peut se soutenir, nos provinces ne perdront plus tous leurs souvenirs, et nos monumens pourront conserver encore quelques prestiges; « heureusement nous allons sortir de ces temps d'inquiétude et de préoccupation politiques qui jetent comme un interdit sur le domaine de la science, de l'histoire et de l'art. Grâces au retour de la prospérité publique, le moment approche où l'état et les particuliers pourront songer à ranimer ce champ qui dépérit, et qu'on ne féconde qu'à force de bienfaits. » **

---

* L'éloge funèbre de ce chevalier, par l'abbé Dutaillis, prieur de Clairmarais, est inséré dans le manuscrit n.° 387 de notre bibliothèque.

** Vitet.

NOTES BIOGRAPHIQUES

SUR

MALBRANCQ, HENDRICQ ET DENEUFVILLE.

MALBRANCQ.

(*Extrait des Variétés historiques sur Saint-Omer, page 217*).

Successeur d'Ypérius et de Locre, Malbrancq est encore considéré depuis deux siècles comme le principal historien de cette contrée : * son buste doit orner assurément le sanctuaire des antiquaires de la Morinie.

Jacques Malbrancq fut admis dans la société des jésuites wallons de Saint-Omer, à l'âge de 19 ans, et chargé, d'après M. Weiss, bibliothécaire de Besançon, d'y enseigner les humanités. « Il s'y appliqua à la prédication et passa successi-

* *Mathieu Despretz*, que nous avons cité à la page 58, avait été vicaire général de *François de Créqui*, qui gouverna le diocèse de Thérouanne de 1533 à 1552.

Marc Levasseur, prêtre de Thérouanne, avait également écrit en latin une *chronique des Morins*, d'après les archives de cette ville qu'il avait soigneusement compulsées. Il y a lieu de croire que *Malbrancq* a connu le travail de *Marc Levasseur* et l'a indiqué sous le titre d'ancienne chronique, s'il faut en juger par la grande conformité qui règne entre les extraits produits par cet annaliste audomarois et ceux que le curé de Boucres, *Philippe Luto*, a mis en marge de son histoire inédite du comté de Boulogne.

Nous ignorons ce que sont devenus les manuscrits de *Despreis* et de *Marc Levasseur*.

vement par les différents emplois de sa province. » Selon la bibliothèque belgique, il employa une grande partie de sa vie à l'instruction de la jeunesse, avant de devenir un historien renommé.

Il voyagea ensuite dans toute l'étendue de l'ancienne Morinie, célèbre surtout par sa capitale, parcourut les diocèses de Thérouanne et de Tournay, visita Calais et le pays reconquis, le Boulonnais, la Picardie en deçà de la Somme, l'Artois en deçà de la Lys et la Flandre en deçà de l'Escaut; et suivant d'illustres exemples, après avoir étudié sur les lieux mêmes les divers élémens de l'ouvrage qui devait faire sa réputation, il quitta les bords de l'Océan, les rives de l'Aa et de la Canche, les ruines de Thérouanne, objet de ses profondes méditations, et se rendit chez les jésuites de Tournay, où il rédigea, dans les loisirs du cloître, les annales curieuses des peuples Morins.

L'œuvre de Malbrancq est en trois tomes in-4.°, avec des cartes, imprimés à Tournay en 1639, 1647 et 1654. « Le premier volume contient la description du pays des Morins et de leurs mœurs, suivie de recherches sur leur histoire depuis l'an 309 avant J.-C. jusqu'à l'an 751 de l'ère actuelle; le second volume comprend depuis le règne de Pépin, roi de France, en 752, jusqu'à Godefroy de Boulogne, comte des Morins, en 1094; et le troisième s'étend de la mort de Godefroy à l'an 1313. » Cette analyse générale des matières empruntée à la *biographie universelle* est exacte: nous ajouterons que cet ouvrage contient, indépendamment des plans figuratifs de l'antique territoire des Morins, qui occupaient ce que l'on a appelé le Boulonnais et les parties occidentales de Flandre et d'Artois, des effigies précieuses de Thérouanne et de Sithieu, ainsi que des saints législateurs de ce pays.

On voit dans les cartes, le système de l'auteur qui prétendait que la mer s'enfonçait autrefois jusqu'à Saint-Omer; il place le fameux *Port Itius* à l'entrée de ce golphe, opinion qui a été attribuée à sa partialité pour sa patrie.

Le troisième volume de Malbrancq est infiniment plus rare que les deux autres; d'après *Brunet*, il est même difficile de le trouver. Cependant les trois tomes réunis ont été vendus plusieurs fois dans ce département depuis quelques années, et les exemplaires complets y sont encore recherchés avec empressement. L'auteur avait composé un quatrième volume, qui conduisait sa narration jusqu'à la destruction de Thérouanne en 1553; il contenait 129 chapitres; le vœu formé pour sa publication n'a pas été exaucé. Maillart allègue que ce manuscrit était, en 1702, au noviciat des jésuites de Tournay qui avaient hérité des papiers de leur savant confrère. Un rédacteur de mémoires inédits sur l'histoire de Boulogne, *Philippe Luto*, l'y a fait chercher en 1739, et il lui a été répondu que l'on n'y conservait que l'original des ouvrages imprimés. Il paraît certain qu'il se trouvait aux jésuites de Lille en 1737, et l'on croit généralement qu'il a été brûlé dans l'incendie de cet établissement. Quelques bibliophiles distingués firent à ce sujet de vaines perquisitions, en 1827, tant à Lille qu'à Paris. On a dit toutefois qu'il en existait une copie dans la Belgique.

L'histoire des Morins est digne de la plus haute estime; l'auteur employa plus de quarante ans à écrire les annales de sa patrie. Il pénétra dans toutes les archives et en fit le dépouillement. Il rassembla les faits qui étaient épars dans les chroniqueurs anciens et modernes. Il eut même connaissance de plusieurs manuscrits intéressants qu'on ne retrouve plus et dont il nous a conservé la substance. Cependant l'ouvrage de Malbrancq n'est bon qu'à être consulté. On lui reproche avec raison des déclamations continuelles, d'être systématique et si diffus qu'il pousse à bout la patience du lecteur. Au reste, tous les historiens connus ou inédits de notre province ont tiré le plus avantageux profit de la lecture de son important recueil; ils s'appuient de son autorité en cent endroits divers et témoignent unanimement de son mérite et du besoin flatteur de le compulser souvent. Il est étonnant que jadis, dans les encouragemens utiles que les administrations provinciales accordaient aux gens de lettres, aucun Artésien n'y ait répondu par la traduction des œuvres historiques de Malbrancq. Il est vrai que son latin est mêlé de termes et de tournures difficiles à comprendre; mais on en disait autant de *Grégoire de Tours* qui orne aujourd'hui parfaitement la riche collection de M. Guizot relative à l'histoire de France. Espérons qu'une noble émulation fera connaitre plus particulièrement le célèbre narrateur des faits et gestes des vieux Morins. Il a droit de conserver dans ce département la considération que ses travaux étendus lui ont si légitimement acquise.

L'auteur, plein d'érudition et d'une imagination brillante, de *Morinis et Morinorum rebus* « dont l'étude est indispensable à tout historien d'Artois, » est né dans la ville de Saint-Omer, en 1580 ou 1582 ; il est mort à Tournay dans la maison où il composa son ouvrage, le 5 mai 1653.

HENDRICQ.

Jean Hendricq, bourgeois de Saint-Omer, a laissé un recueil historique, en trois volumes in-folio, intéressant par la quantité de détails exacts qui concernent la ville de Saint-Omer, et la variété amusante de ses anecdotes. Il est catalogué dans la bibliothèque publique sous le n.° 808 des manuscrits. Le style et le caractère de ce chroniqueur sont en rapport avec le langage et la naïveté du bon *Jacques Lesaige*, de Douai.

Le tome 1.er renferme la série des faits advenus à Saint-Omer, depuis 1594 jusqu'à 1605, ainsi qu'une relation extrêmement curieuse de la *Prise de Calais*, par le cardinal Albert.

Le tome 2.e se termine à l'année 1615, à la suite d'un aperçu chronologique très-important sur l'histoire de Saint-Omer depuis l'arrivée de son fondateur.

Le tome 3.e s'arrête en décembre 1623.

Hendricq ne s'est pas toujours borné aux faits spéciaux de sa ville natale ; il a raconté tout ce qu'il apprenait ou ce qu'il voyait lui-même dans les communes voisines. Son nom est populaire dans ce canton parmi tous les amateurs de l'histoire locale. Nous avons plusieurs fois invoqué son autorité ainsi que celle de Jean Balin, religieux de Clairmarais. Le manuscrit de ce dernier, n.° 799, contient tout ce qui est arrivé de plus remarquable depuis l'an 1500 jusqu'en 1585. Il existe divers manuscrits de Balin dans les bibliothèques de cette contrée.

DENEUFVILLE.

Charles-François Deneufville, né à Estaires, diocèse de Saint-Omer, fut d'abord bachelier en théologie à l'université de Douai et vicaire de la paroisse de Saint-Venant, ensuite vice-curé de la paroisse de Saint-Sépulcre à Saint-Omer, puis coadjuteur dans l'église de Notre-Dame à Aire, enfin curé de Sainte-Aldegonde, à Saint-Omer, le 24 novembre 1700.

Il travailla avec un zèle infatigable de nuit plus que de jour, jusqu'à la fin de sa vie, soit à l'histoire et aux antiquités de ce canton, soit à feuilleter tous les registres de la ville pour y trouver certaines généalogies dont on avait besoin. Il était rempli d'affabilité et d'une extrême facilité à se prêter à tout ce qui pouvait faire plaisir.

Il mourut en cette ville le 20 mai 1731, épuisé de veilles et de travaux, infiniment regretté des Audomarois.

Il a laissé un manuscrit autographe, in-folio, exécuté en 1724 et 1725, intitulé : *Annales de la ville de Saint-Omer ;* son histoire a été d'abord rédigée en un seul volume qui finit à l'an 1700, il la recomposa ensuite en trois volumes.

Le 1.er tome, le seul inscrit à la bibliothèque publique, au n.° 809, ne s'étend pas au delà de la destruction de Thérouanne. On y trouve une multitude de richesses historiques, l'ancienne carte du pays des Morins, la carte du Port-Itius, et le plan de la capitale de la Morinie dans le huitième siècle.

Le 2.e tome commence au règne de Philippe II, comme comte d'Artois, et continue la narration des faits jusqu'au 15 juillet 1728.

Le 3.e tome est consacré presqu'uniquement aux annales ecclésiastiques de cette partie de la Morinie. Cependant on y remarque encore les généalogies et les armoiries de nos anciens magistrats et grands-baillis, ainsi que celles de plusieurs familles nobles de la province.

Nous avons cité plusieurs fois aussi ce précieux manuscrit dans le cours de cet ouvrage.

Nous avons, à la page 57, parlé de *Suger*, comme l'ami dévoué de Milon I.er, évêque de Thérouanne, nous apprenons avec une vive satisfaction que « le buste de ce grand homme vient d'être commandé par le ministre des travaux publics à l'un de nos plus habiles sculpteurs pour en être fait hommage à la ville de Saint-Omer. » *

Cette décision du gouvernement, si flatteuse pour la ville de Saint-Omer, puisqu'elle consacre en quelque sorte sa légitime prétention à la naissance de Suger, est due principalement au zèle persévérant de l'honorable député de cette cité. (*M. Henri Lesergeant.*)

FIN.

---

* *Mémorial Artésien*, n.° du 30 mai 1833.

TABLE.

FIN DE LA TABLE.